Nina Svensson

WIR

vom Jahrgang 1977

Kindheit und Jugend

Wartberg Verlag

Impressum

Bildnachweis:
Archiv Nina Svensson: S. 4–13,16–22, 25–31, 33–36, 39–40, 43–44, 46–49, 52–59, 61–63; Ralf Keß: S. 15; Sammlung Miriam Lücke: 24 u., 42; ullstein – Hechtenberg/Caro: S. 14; ullstein – iT: S. 23, ullstein – Kohr: S. 24 o.; ullstein – Sticha: S. 32; ullstein – dpa: S. 37; ullstein – Schöning: S. 45; ullstein – KPA: S. 50; ullstein – Sylent Press: S. 51; ullstein – Zentralbild: S. 60

Wir danken allen Lizenzträgern für die freundliche Abdruckgenehmigung. In Fällen, in denen es nicht gelang, Rechtsinhaber an Abbildungen zu ermitteln, bleiben Honoraransprüche gewahrt.

2. Auflage 2007

Gestaltung und Satz: Ravenstein und Partner, Verden; S. Voßwinkel, Berlin
Druck: Hoehl-Druck Medien + Service GmbH, Bad Hersfeld
Buchbinderische Verarbeitung: Buchbinderei Büge, Celle

34281 Gudensberg-Gleichen • Im Wiesental 1
Telefon: 0 56 03/9 30 50 • www.wartberg-verlag.de
ISBN: 978-3-8313-1577-2

VORWORT

Liebe 77er!

Als wir klein waren, gab es noch keine Handys und keine Playstation, keinen Computer und kein Internet. Komischerweise sind wir alle trotzdem groß geworden und haben die Nicht-Existenz diverser technischer Kommunikationsmittel genutzt, um miteinander zu reden, zu spielen und zu lachen. Und zu lachen hatten wir viel. Wir wurden mitten hinein in die 70er Jahre geboren, in denen die Männer Dauerwellen und die Frauen Puffärmel trugen. Alles war bunt und vor allem orange. Da machten auch Möbel und Tapeten keine Ausnahme.

Es folgten die 80er, in denen US-Serien wie „Denver Clan" und „Magnum" unser Weltbild prägten, das von Tschernobyl wieder erschüttert wurde. Doch mitten drin zwischen Glamour und GAU entdeckten wir das Prickeln der Ahoj-Brause, das Leuchten der Neonfarben und das Glitzern der Disco-Kugeln an der Decke. Und wir fanden es toll.

Wir lebten in einem Land, das von der Neuen Deutschen Welle reell erwischt wurde und in dem die Ich-will-Spaß-Fraktion voll auf ihre Kosten kam. Wir waren unbeschwert und schmiedeten Pläne für die Zukunft, auch wenn uns Arbeitslosenzahlen und Ausländerfeindlichkeit zunehmend beeindruckten. Die Grenzen öffneten sich, aus der DDR wurden die neuen Bundesländer und ein Brocken aus der Mauer zum Kultobjekt.

Irgendwann waren wir dann groß, 18 Jahre alt und sehr erwachsen. So schnell es ging machten wir unseren Führerschein und zogen aus, auf der Suche nach unserem Platz in der globalisierten Welt. Und wo auch immer wir ihn gefunden haben – es bleiben die gemeinsamen Erinnerungen an eine Zeit voller Hitparaden, AKW-Nee-Aufklebern und Schleckmuscheln.

Nina Svensson

Nina Svensson

Eine behütete Kindheit: Für uns nur das Beste

1977–1979

Das 1. bis 3. Lebensjahr

Willkommen in unserer Welt

Wir – das sind rund 800 000 Jungen und Mädchen, die 1977 in BRD und DDR geboren wurden. Das sind viele, aber den Demographen waren es schon damals viel zu wenig. Wir waren noch nicht richtig auf der Welt, da hatten sie schon Sorgenfalten auf der Stirn. Sie hatten nämlich errechnet, dass unsere Eltern 2,2 Kinder zeugen mussten, um den vollständigen Ersatz ihrer Generation zu sichern. Natürlich ist das ein statistischer Wert, ein 0,2-Kind gibt es bis heute nicht. Das Problem war, dass Mitte der 70er Jahre nur 1,4 Kinder pro Paar geboren wurden. Wir trugen also eine große Last auf unseren kleinen Schultern. Mit Glück bekamen wir noch einen Bruder oder eine Schwester und schon waren wir wieder recht nah dran an der 2,2. Wenn nicht – auch gut. Denn trotz

Unsere Eltern waren so stolz – aber der Termin beim Fotografen war nichts für uns.

aller demographischen Prognosen hatten wir eine tolle Kindheit. Wir teilten sie vor allem mit vielen Stefanies, Melanies und Sandras sowie Christians, Stefans und Svens, denn das waren die beliebtesten Vornamen unseres Jahrgangs.

Ausreichend Platz für den Familienurlaub war nur im Kofferraum des Passat Kombi.

Kleine Kinder auf großer Fahrt

Als wir auf die Welt kamen, freuten sich unsere Väter. Sehr sogar. Doch für viele bedeutete unsere Ankunft gleichzeitig ein Abschied: Ein Abschied vom Käfer. Der Volkswagen, der sie so treu in den Urlaub nach Spanien gefahren hatte und unter dessen Motorhaube Luftmatratzen, Zelt und Grill Platz hatten, war auf einmal zu klein. Zu klein für den Kinderwagen, zu klein für die Kleinfamilie. So wurde er schweren Herzens verkauft – von nun an stand ein Passat Kombi vor der Tür. Vorzugsweise in braun oder orange.

Chronik

26. Januar 1977
Die Frauenzeitschrift „Emma" erscheint, die ersten 200 000 Exemplare sind sofort vergriffen.

16. August 1977
Elvis Presley stirbt im Alter von 42 Jahren auf seinem Anwesen Graceland in Memphis/Tennessee.

10. September 1977
Letzte Hinrichtung mit der Guillotine in Frankreich.

18. Oktober 1977
Die inhaftierten RAF-Mitglieder Jan-Carl Raspe, Gudrun Ensslin und Andreas Baader begehen im Gefängnis Selbstmord.

19. Oktober 1977
Arbeitgeberpräsident Hanns-Martin Schleyer wird tot aufgefunden.

19. Januar 1978
In Deutschland rollt der letzte VW-Käfer vom Band.

25. Juli 1978
Louise Brown, das erste Retortenbaby, kommt in London zur Welt.

16. Oktober 1978
Der dritte Papst in einem Jahr. Johannes Paul II. wird zum Papst gewählt.

22. Oktober 1978
Die schwedische Schriftstellerin Astrid Lindgren wird mit dem Friedenspreis des Deutschen Buchhandels ausgezeichnet.

17. April 1979
Die erste Ausgabe der alternativen Tageszeitung „taz" erscheint.

23. Mai 1979
Karl Carstens (CDU) wird als Nachfolger von Walter Scheel zum Bundespräsidenten gewählt.

16. September 1979
Zwei Familien flüchten mit einem selbst gebastelten Heißluftballon aus der DDR in die Bundesrepublik.

17. Oktober 1979
Mutter Teresa bekommt den Friedensnobelpreis.

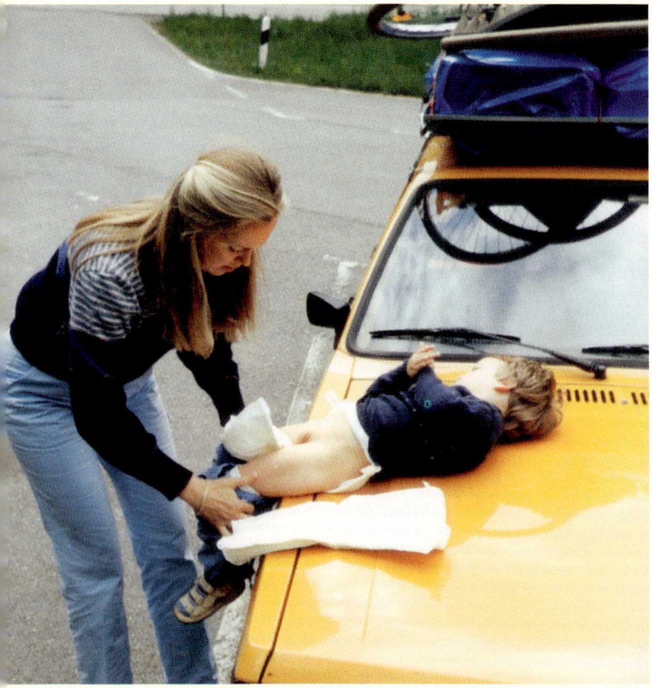

Mangels Wickelräumen auf Rastplätzen wurden unsere Mütter recht kreativ.

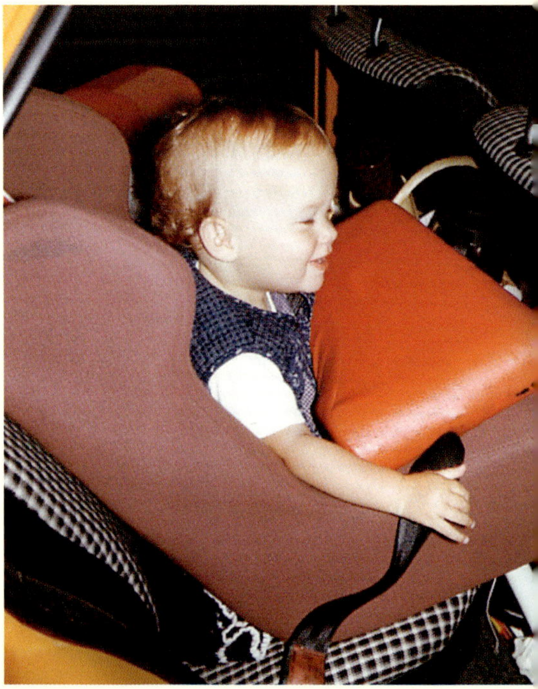

Das Beste am Kindersitz war, die Nähte aufzuknibbeln und das Styropor rauszupulen.

Die lustigen Aufkleber mit „Baby an Bord" oder „Paul fährt mit" gab es noch nicht, stattdessen wurde gerne in weißer Farbe und großen Buchstaben Name und Geburtsdatum auf die Heckscheibe gepinselt. Dafür waren sie nämlich richtig gut, die Passat Kombis. Weniger gut – zumindest aus heutiger Sicht – war unser Platz im Auto: Die Erfindung des MaxiCosy-Sitzes war noch nicht gemacht, wir wurden einfach im Oberteil unseres Kinderwagens auf den Rücksitz gestellt, eventuell noch den Gurt drum und fertig. In Deutschland war das Anschnallen auf den Vordersitzen ohnehin erst seit 1976 Pflicht, auf den Rücksitzen durften wir sogar bis 1984 ohne Gurt mitfahren.

Mussten wir aber nicht. Denn als wir etwa ein halbes Jahr alt waren, gab es immerhin einigermaßen passende Kindersitze. Natürlich in braun und orange. Das Gute daran war, dass die Sitze eine Art Tisch hatten, um den der Gurt herumgeschnallt wurde. Dieser Tisch sah ein bisschen aus wie eine Rettungsboje und wenn man lange genug an den Nähten pulte, passte irgendwann ein Finger rein. Man konnte herrlich darin rumfingern und Stück für Stück Schaumstoff und Styropor rausholen, bis irgendwann die ganze Hand reinpasste. Mit Glück erbte man den Sitz von Bruder oder Schwester, die bereits fleißig vorgearbeitet hatten.

Die Sitze und der Passat Kombi begleiteten uns durch die ersten Lebensjahre und jeden Sommer in die Ferien. So groß der Kofferraum auch war, es passte niemals alles rein. Kinderbett, Buggy, Badewanne, große Pampers-Kartons und kleine Sandeimer –

unsere Eltern waren stets besorgt, dass es uns auch am Strand von Dänemark an nichts fehlte. Und so fuhren wir eingezwängt zwischen Badehandtüchern und Luftmatratzen bester Dinge gen Norden, während die Hinterachse des Autos fast zusammenbrach. Erst sehr viel später erfuhren wir, dass der Pampers-Karton vor allem deshalb so schwer war, weil unseren Eltern der Alkohol in Skandinavien zu teuer war. Auf den Rastplätzen unterwegs gab es noch keine Wickelräume und so wurde die Motorhaube kurzerhand zum Wickeltisch umfunktioniert – noch warm von der Fahrt und in bester Verkehrslage.

Strickmützen in grün und gelb – das war die Mode Ende der 70er Jahre.

Modefarben braun und orange

Was sich schon bei den Autos abzeichnete, wurde in der Mode erst richtig deutlich: Braun und orange, aber auch beige und grün waren die Farben, die man Ende der 70er Jahre trug. Ein grüner Kinderwagen für draußen, eine grün-weiße Babywippe für drinnen. Strampler in orange, Strickmützen in grün und gelb. Unsere Eltern waren da konsequent. Auch sie trugen lange braune Mäntel, grüne Pullover und beigefarbene Hemden. Ganz weit vorne waren braune Lederstiefel, gerne bis zum Knie und mit Absatz. Und davor machten auch die Männer nicht halt.

Bei uns Kindern war vor allem die praktische Mode angesagt. Auch wenn es nicht immer ein Schnäppchen war. Die Osh-Kosh-Jeans-Latzhose war der Klassiker. Sie ging einfach nicht kaputt, so sehr wir es auch versuchten. Krabbelnd erkundeten wir die Wohnung, die zunächst noch hochgekrempelten Hosenbeine zogen wir lässig hinter uns her. Erst waren die Knie weiß, dann hatten sie ein Loch und dann kam der Flicken drauf, alles war gut, unsere Eltern zufrieden. Und dann konnte später auch der kleine Bruder problemlos die Hose der großen Schwester auftragen: Latzhosen waren völlig geschlechtsneutral.

Rein frisurentechnisch war alles erlaubt. Wir trugen noch kurz, aber auf der Straße sah man alles: Lang, kurz, freche Punker-Frisuren und Afro-Look. Auch die Dauerwelle war gesellschaftsfähig – und zwar bei den Männern. Alle paar Wochen stiefelten unsere Väter zum Friseur, saßen eine Weile hübsch mit Lockenwicklern vor dem Spiegel und kamen anschließend mit dem schönsten Minipli zurück. Wir waren noch klein und nahmen

Minipli auch am Strand:
Unsere Väter fanden sich ziemlich schick.

den Look unserer Väter nicht wirklich wahr. Wichtig war, dass man in diesen Haaren beim Toben großartig herumwuscheln konnte. Erst viele Jahre später saßen wir vor dem Fernseher, starrten erschrocken auf David Hasselhoff und sein Baywatch-Team am Strand von Malibu und irgendetwas kam uns bekannt vor. Als wir uns an das Herumwuscheln und die Familienfotos aus dem Album erinnerten, wussten wir auch wieder, was es war.

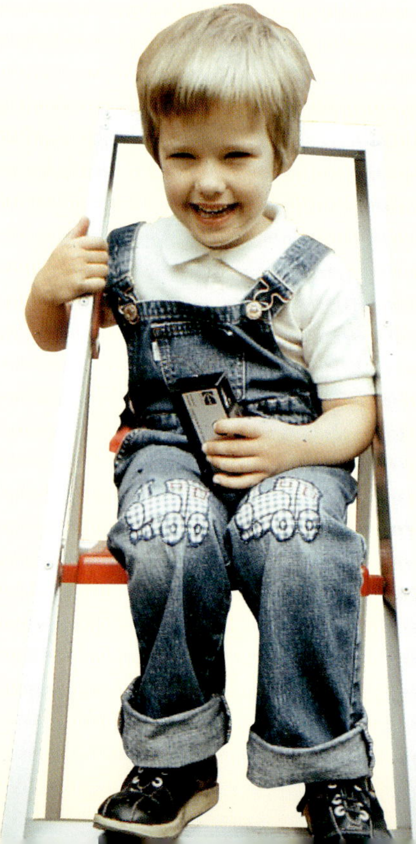

Wirkliche Hygiene gab's nur mit dem Milton-Bad

Wir Kinder waren Ende der 70er Jahre mit unserem Menüplan ausgesprochen zufrieden. Unsere Mütter nahmen sich Zeit für uns und dementsprechend wurden viele von uns gestillt. Nach einigen Wochen oder Monaten stiegen unsere Eltern dann um auf Flaschen, in denen Milchpulver verschiedener Hersteller mit kochendem Wasser aufgegossen wurde. Hygiene war sehr wichtig, es musste eben alles nicht nur sauber sondern rein sein, und

Hauptgang und Dessert – alles gab es praktischerweise im Gläschen.

Hochsitz oder Kindertisch mit Stuhl, ganz wie wir es wollten.

das galt auch für die Fläschchen, Sauger und Schnuller. Einfaches Auskochen in Wasser hatte zwar jahrzehntelang die Babys vor diversen Infektionen bewahrt, aber war jetzt nicht mehr gut genug. Milton hieß das Zaubermittel. Es war Chemie pur und unsere Mütter waren überzeugt, dass nur ein im Milton-Bad gereinigter Sauger wirklich rein war.

Später sind wir dann auf Gläschen umgestiegen. Gemüse, Kartoffeln, Obst, Reis – alles, was man irgendwie klein gedrechselt bekam, damit es ins Glas passte. Es war praktisch, weil man sie auf Vorrat kaufen konnte, und so fuhren unsere Väter regelmäßig zur Drogerie und kauften Hipp, Alete & Co. gleich palettenweise. Später kochten unsere Mütter für uns Kartoffeln, Möhren oder etwas Fleisch. Aber auch hier sollten die Stücke bloß nicht zu groß sein, darum durfte die Moulinette in keinem Haushalt fehlen.

Damals gab es kaum Produkte, die wirklich als Bio-Produkte ausgewiesen wurden. Tschernobyl und überhaupt die Gefahr von verseuchten Lebensmitteln waren noch weit weg. Unsere Eltern vertrauten einfach der Qualität, die sie auf Märkten oder in den Supermärkten kaufen konnten, und es gab auch keinen Grund, es nicht zu tun. Davon abgesehen ist es uns bestens bekommen.

Wie auch die Kekse, die wir nach und nach und natürlich nur in geringen Mengen bekamen. Dazu zählten Leibniz-Kekse, Russisch Brot und Bambini, die so etwas wie die längsten Kinderkekse der Welt waren.

Sobald wir aus der Wippe herausgewachsen waren, saßen wir mit am Tisch. Es gab Hochstühle für uns, wahlweise auch ein Monstrum von Tisch-und-Stuhl-Kombination. Setzte man die ineinander, hatte man einen Hochstuhl, getrennt ergab es Tisch und Stuhl in Kindergröße. Diese Kombination war sehr sperrig, aber stabil. So sehr wir es auch versuchten, damit konnte man einfach nicht umfallen.

Während wir schliefen:
Der Kopf baumelte aus dem Tragegestell.

Im Tragetuch durch die Welt

Die Reisen in Richtung Nord- oder Ostsee erlebten wir zwar noch unbewusst, aber machten trotzdem gerne unsere ersten Schritte im Sand. Zumal es dann nicht so weh tat, wenn wir wieder und wieder hinfielen. Da die kleinen Räder unserer Buggys meistens im Sand versackten, ließen wir uns lieber tragen. Unter anderem war das Tragetuch „Modell Didymos" sehr in Mode. Wir Babys hatten das Glück, dass unsere Eltern viel Zeit für uns hatten und uns darum auch gerne überall mit hingenommen haben. Die Zeiten hatten sich geändert, wir sollten viel frische Luft bekommen, aber wurden nicht mehr einfach nur im Kinderwagen in den Garten geschoben. Wir sollten die Nähe zu unseren Eltern spüren, möglichst viel erleben und dafür eignete sich das Tragetuch bestens. Es war im Prinzip ein langer Schal, der gewickelt und geknotet wurde. Das, was die Mütter in Afrika schon seit Ewigkeiten taten, entdeckten unsere Mütter neu. Doch ihnen fehlte noch die Übung im Knoten, so dass das Ganze für uns immer ein gewisses Risiko bedeutete, plötzlich inklusive Tuch auf dem Boden zu landen.

Später gab es gigantische Tragegestelle für den Rücken. Auch die waren sehr praktisch für den Strand, nur so richtig ausgefeilt war die Technik noch nicht. Denn entgegen der Empfehlungen sämtlicher Ärzte hingen wir wie ein nasser Sack auf dem Rücken unserer Mütter oder Väter, und sobald wir einschliefen fiel der Kopf nach vorne und baumelte schön von links nach rechts.

Nun reisten wir aber nicht nur an die deutschen Seen und Meere, sondern auch mal in den Süden. Die Pauschalreise war Ende der 70er zu einer echten Alternative für den Sommerurlaub geworden. Wer es sich leisten konnte, buchte eine Flugreise in den Süden. Auch wir Kleinkinder reisten mit ans Mittelmeer und lernten, dass Meerwasser auch badetaugliche Temperaturen haben kann.

Für uns nur das Beste

Wieder zu Hause profitierten wir von jeglichem Komfort. Die Grundausstattung wurde neuerdings nicht mehr mühsam zusammengesucht, sondern beim Babyausstatter Prenatal gekauft. Der hatte so ziemlich alles, was Babys brauchten und auch vieles, was wir nicht wirklich brauchten. Kein Schnäppchen, aber wir zählten einwandfrei zu der Babygeneration, der es wirklich an nichts fehlen sollte. Ob Bett oder Kinderwagen, für unsere Eltern war ein Einkauf bei Prenatal das Größte.

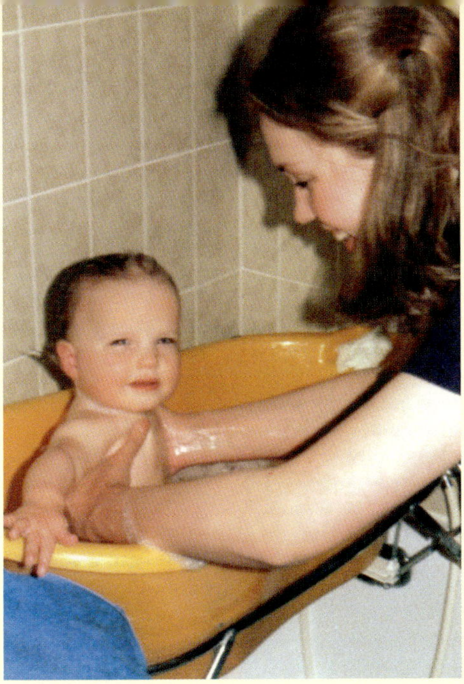

Badespaß in der Plastikwanne.

Inzwischen Standard in jedem Haushalt: Die Waschmaschine.

Wir badeten in quietschorangefarbenen Plastikwannen, die in passenden Gestellen auf dem Rand der Badewanne befestigt wurden. War diese groß genug, hatten wir direkt daneben unseren Wickeltisch, der ähnlich gewagt in der Wanne eingeklemmt war.

Wir wurden mit Penatencreme eingecremt und fanden es zu schön, die Reste aus dem Deckel zu kratzen. Und sie dann überall dort hinzuschmieren, wo wir es nicht sollten. Kleidung, Wände, Kuscheltiere, was auch immer uns in die Finger kam. Als wir ein bisschen älter waren, versuchten wir das Ins-Bett-gehen so lange wie möglich hinaus zu ziehen. Zum Beispiel, indem wir unsere Mütter zwangen, jedem einzelnen Kuscheltier ebenfalls ein bisschen Penatencreme zu geben. Das Ergebnis waren leicht genervte Eltern und massenhaft Tiere mit lebenslang speckig glänzender Nase.

Wenn wir dann endlich schliefen, stand für unsere Mütter der Hausputz an. Da verhielt es sich ähnlich wie mit unseren Glasfläschen im Milton-Bad: Alles musste nicht nur sauber, sondern rein sein. Das Werbefernsehen der 70er Jahre tat wirklich alles dafür, damit sich die Slogans einprägten und die deutsche Hausfrau keine Wahl hatte, als ausschließlich Pril und Palmolive zu kaufen. Dafür sorgten schon die patenten Damen wie Tilly und Klementine, die das Bild der perfekten Hausfrau allabendlich vorlebten.

Und die perfekte Hausfrau brauchte natürlich auch die perfekte Ausstattung. Eine Waschmaschine war schon seit Jahren Standard, aber jetzt brauchte sie auch einen Trockner. Zumindest die Mütter in der Stadt, die manchmal nicht mehr wussten, wohin mit der ganzen Wäsche. Auf dem Land waren die Mütter in der komfortablen Situation, genug Platz für zahlreiche Wäscheleinen zu haben, so dass sie dem Ideal aus der Werbung schon ziemlich nah waren.

In der Stadtwohnung musste also der Trockner her. Es waren meistens Ablufttrockner mit einem langen grauen Schlauch, der wie ein Ele-

Wir entdeckten das Telefon, natürlich grün mit Wählscheibe.

fantenrüssel aus Fenstern und Türen ragte, damit die Luft nach draußen strömen konnte.

Auch in der Küche wurde die moderne Hausfrau noch moderner. Eine Spülmaschine war der Wunsch – und nicht selten arbeiteten unsere Väter am Wochenende zusätzlich und verdienten das Geld für die neuen Haushaltsgeräte. Zum Beispiel auch für Kühlgefrierkombinationen. Kühlschränke mit integriertem Eisfach waren damals neu und standen ebenfalls auf der hausfraulichen Wunschliste.

Ein Farbfernseher zählte in den meisten Haushalten ebenfalls zum Inventar, genauso wie ein grünes Telefon mit Wählscheibe und ein Plattenspieler. Letzterer bekam allerdings zunehmend Konkurrenz von den Cassettenrecordern, die sich in den 80ern mittelfristig durchsetzten, bevor die CD-Player sie wieder vom Markt verdrängten.

1977 – das Jahr des Terrors

Die Rote-Armee-Fraktion hat in den 70er Jahren mit zahlreichen Anschlägen und Morden in Deutschland für Aufsehen gesorgt. Besonders das Jahr 1977 wurde zu einem Jahr des Terrors.

7. April 1977
Generalbundesanwalt Siegfried Buback, sein Fahrer und ein Sicherheitsbeamter werden in Karlsruhe erschossen.

30. Juli 1977
Der Chef der Dresdner Bank, Jürgen Ponto, wird in seinem Haus in Oberursel bei Frankfurt erschossen.

5. September 1977
Arbeitgeberpräsident Hanns-Martin Schleyer wird in Köln entführt. Die Terroristen wollen damit inhaftierte RAF-Mitglieder freipressen.

13. Oktober 1977
Die Lufthansa-Maschine „Landshut" wird auf dem Weg von Palma de Mallorca nach Frankfurt entführt. Die Terroristen leiten das Flugzeug um.

18. Oktober 1977
Auf dem Flughafen von Mogadischu stürmen Grenzschützer der Sondertruppe GSG 9 das Flugzeug und befreien die Passagiere. Die inhaftierten RAF-Mitglieder Jan-Carl Raspe, Gudrun Ensslin und Andreas Baader begehen in ihren Zellen im Gefängnis Stuttgart-Stammheim Selbstmord.

19. Oktober 1977
Die Leiche von Hanns-Martin Schleyer wird in Mülhausen im Elsass gefunden.

Die Familie war das Wichtigste

Unser Geburtsjahr brachte einschneidende Veränderungen für die Familien in Deutschland. Beziehungsweise für den Fall, wenn die

Familie keine Familie mehr sein wollte. Seit 1977 galt ein neues Eherecht, das das Zerrüttungsprinzip beinhaltete. Damit konnte eine Ehe geschieden werden, wenn sie gescheitert war. Für den Richter spielte damit keine Rolle mehr, wessen Schuld es war. Und das bedeutete wiederum eine Änderung in Sachen Unterhalt: Bisher hatten schuldig Geschiedene kein Recht auf Unterhalt wie zum Beispiel Ehefrauen, die ihre familiären Pflichten vernachlässigt hatten.

Und auch diese familiären Pflichten waren bis 1977 noch recht einseitig definiert. So wurde die Ehe auch „Hausfrauenehe" genannt. Einfach deshalb, weil die Frau zur Haushaltsführung verpflichtet war. Sie durfte nur arbeiten, wenn sie Haushalt und Familie nicht vernachlässigte, der Ehemann durfte Arbeitsverträge seiner Frau ohne ihr Einverständnis kündigen. Gleichzeitig war die Frau dazu verpflichtet, im Geschäft ihres Mannes unbezahlt mitzuarbeiten, wenn er es denn wünschte.

Ab 1977 mussten Ehepaare die Haushaltsführung gemeinsam regeln, Frauen durften arbeiten, waren nicht mehr zu unbezahlter Mitarbeiter verpflichtet, und Männer sollten sich jetzt auch um die Familie kümmern.

Davon bekamen wir noch nichts mit, wir waren noch zu klein und bauten ganz fest darauf, dass sich am besten die ganze Familie um uns kümmerte und keiner die ganzen neuen Gesetze jemals brauchen sollte. Überhaupt hat uns die Familie sehr geprägt. Unsere Eltern natürlich, aber auch die Großeltern waren für uns sehr wichtig. Wenn unsere Mütter und Väter mal ein Wochenende oder länger Ruhe vor uns brauchten, zogen wir mit Sack und Pack bei den Großeltern ein. Mit Reisebett, Kinderwagen und kiloweise Pampers sah auch ein kurzer Wochenendbesuch mehr nach Polarexpedition aus. Und tatsächlich war es für uns wie Urlaub: Omas und Opas hatten wirklich immer Zeit für uns, trugen uns den ganzen Tag auf dem Arm herum, präsentierten uns stolz bei den Nachbarn und waren eigentlich nie richtig böse auf uns. Als wir aus dem Hipp- und Alete-Alter herausgewachsen waren, wussten wir noch etwas sehr zu schätzen: Bei Oma und Opa gab es immer mehr als genug zu essen und immer unser Lieblingsessen. Es war wie im Paradies und führte dazu, dass man das großelterliche Haus immer als Alternative führte, falls es einem bei den Eltern eines Tages doch nicht mehr so gut gefallen sollte.

Unsere Großeltern hatten immer Zeit, mit uns zu spielen.

Mit dem Teddy ins Wasser

Dass sich die Mütter viel um uns kümmerten, zeigte sich auch daran, dass wir wirklich überall mit hingenommen wurden. Waren die Kinder sonst immer sehr abgeschottet worden, so traten wir jetzt ins Rampenlicht. Das fing schon mit dem Babyschwimmen an. Gerade mal ein halbes Jahr alt kontaktierten wir zum ersten Mal in unserem Leben ein Hallenbad mit Chlorwasser. In den Kinderbecken, deren Temperatur der heimischen Plastikwanne schon sehr nahe kam, strampelten wir auf den Armen unserer Mütter und tauchten zum ersten Mal unter Wasser. Aber nicht alle. Manche Babys waren absolut nicht bereit, ohne den Lieblingsteddy ins Wasser zu springen. Also musste er mit. Was an sich nicht so das Problem war – bloß musste er zum Mittagschlaf wieder trocken im Kinderbett liegen. Zum Glück für uns und zum Leidwesen unserer Teddys gab es Trockenschleudern für Badeanzüge. Ein Schwimmkurs über zwölf Wochen bedeutete auch zwölf Karussellfahrten für Teddy in der Schleuder und dementsprechend mitgenommen sah er dann auch aus.

1978 – Das Drei-Päpste-Jahr

Ein Jahr, drei Päpste: Nach 15 Jahren im Amt starb Papst Paul VI, dessen Nachfolger Papst Johannes Paul I wurde. Er starb nach nur 33 Tagen. Am 16. Oktober 1978 wurde Papst Johannes Paul II zu seinem Nachfolger. Nach 460 Jahren war damit erstmals wieder ein Nicht-Italiener zum Oberhaupt der katholischen Kirche gewählt worden.

Skateboard oder Rollbrett? Egal, Hauptsache Spaß.

Trends auf vier Rollen

Schwimmen war was für uns Kleine, die Großen spielten vor allem Fußball. Ob im Verein oder auf der Straße – unsere Väter spielten mit Begeisterung. Seit 1970 gab es auch eine Frauenliga in Deutschland. Allerdings gab es Auflagen: Frauen mussten eine halbjährige Winterpause einhalten, Stollenschuhe waren verboten, die Bälle waren kleiner und leichter, aber immerhin rund, und das Spiel dauerte 70 Minuten. Nach dem großen Skandal um manipulierte Spiele im Jahr 1971 hatte sich das Ansehen der Bundesliga wieder erholt. Auch der Kampf um die Meisterschaft war spannend, Ende der 70er waren außer München auch Köln, Mönchengladbach und Hamburg an der Reihe. Den höchsten Sieg in der Bundesliga-Geschichte erzielte Borussia Mönchengladbach im Jahr 1978 mit einem 12:0 gegen Borussia Dortmund.

Fußball war ein klassischer Volkssport, aber auch Trendsportarten fanden ihren Platz in Deutschland, wie zum Beispiel das Skateboard. Die Jugend in den USA war natürlich schon wieder schneller gewesen, dort tauchten bereits Ende der 50er Jahre die ersten Skateboards auf. Vor allem Angehörige der US-Army brachten später die ersten Skateboards nach Deutschland. München entwickelte sich zu einer Skater-Hochburg, dort entstand 1977 auch der erste Skatepark Deutschlands.

In Paketen wurden die Skateboards auch in die damalige DDR geschickt: Dort fehlten allerdings die Vorbilder aus den USA, und so wusste niemand so richtig, was er damit anfangen sollte. Erst in den 80er Jahren begann der Spaß, kurz vor der Wende kam dann das einzige Skateboard eines DDR-Fabrikanten auf den Markt. Das Rollbrett, auch „Germina Speeder" genannt, wurde allerdings nie so richtig ernst genommen.

Dinge, die die Welt nicht wirklich brauchte

Wir entdeckten die Welt und auch unsere Eltern waren offen für Neues. An die braunen Teppiche und orangefarbenen Sessel hatten sie sich inzwischen gewöhnt, nun musste sich etwas verändern. So kamen die Jäger und Sammler wieder durch und mit ihnen der Setzkasten. In die kleinen Fächer stellten sie kleine Dosen, Figuren, Tiere, Steine und alles Mögliche, was kaum größer als eine Streichholzschachtel war. Der Sinn und Zweck hat sich vermutlich nie jemandem erschlossen, schließlich sammelte man jetzt Dinge, die außer einem Platz im Setzkasten keine wirkliche Daseinsberechtigung hatten. Dafür zogen sie magisch den Staub an, der sonst unbemerkt auf den Boden gefallen wäre. Setzkästen waren die permanente Erinnerung an den Hausputz, nur wurden sie selber nie geputzt. Es war ideal, mangels Kreativität jemanden einfach was für den Setzkasten zu

Ein Eldorado für Staub – aber unsere Eltern waren vernarrt in den Setzkasten.

schenken, was man ohnehin nicht gebrauchen konnte. Spätestens als wir ihn entdeckten, wurden unseren Eltern auf einmal auch die Gefahren bewusst: Staub war nicht gut für uns und wir könnten die Teile ja verschlucken. Und so wanderte dann irgendwann der Kasten samt Inhalt und Staub erst in den Keller und später auf den Flohmarkt.

Wir – das sind auch sie

11. Jan.	**Anni Friesinger,** Eisschnellläuferin
21. Jan.	**Emma Lee Bunton,** Sängerin
24. Jan.	**Michelle Hunziker,** Moderatorin
2. Feb.	**Shakira,** Sängerin
3. März	**Ronan Keating,** Sänger
2. April	**Annett Louisan,** Sängerin
14. April	**Sarah Michelle Gellar,** Schauspielerin
10. Mai	**Nick Heidfeld,** Formel-1 Rennfahrer
11. Mai	**Janne Ahonen,** Skispringer
5. Juli	**Nicolas Kiefer,** Tennisspieler
14. Juli	**Victoria von Schweden,** Kronprinzessin
21. Juli	**Sarah Biasini,** Schauspielerin, Tochter von Romy Schneider
17. Aug.	**Thierry Henry,** Fußballspieler
30. Sep.	**Tobi Schlegl,** Moderator
3. Dez.	**Adam Malysz,** Skispringer

Kettcar und Kinderrad: Wir hatten viele Wünsche

1980–1982

Das 4. bis 6. Lebensjahr

Ungesund, aber so lecker

Als wir endlich sicher auf zwei Beinen standen, entdeckten wir vorzugsweise das, was ungesund war. Aber dafür sooo lecker. Vor allem auf Kindergeburtstagen nutzten wir alle Freiheiten, um Karius und Baktus ordentlich zu füttern. Zum Beispiel mit kleinen Armbändern, deren bunte Traubenzuckerringe man so schön abknabbern konnte. Manche hatten sogar ein gelbes Ziffernblatt. Am Anfang sah das Armband immer ganz schick aus, doch das änderte sich bald. Wenn nur noch drei Ringe an dem angesabberten Gummiband hingen, knabberte man die lieber auch ganz schnell weg. Wir hatten Schleckmuscheln, kleine Plastikmuscheln mit harter Bonbonfüllung, bei denen man ewig brauchte, um den Inhalt auszuschlecken. Andere

Nutella war ungesund – aber sooo lecker.

Chronik

13. Januar 1980
In Karlsruhe wird von linken und ökologischen Initiativen die Bundespartei „Die Grünen" (heute Bündnis 90/Die Grünen) gegründet.

6. April 1980
Die Sommerzeit wird in Europa erstmals seit 1950 wieder eingeführt.

30. April 1980
Prinzessin Beatrix folgt ihrer Mutter Juliana auf den Thron der Niederlande.

20. August 1980
Reinhold Messner bezwingt als erster Bergsteiger den Mount Everest im Alleingang, ohne Sauerstoffgerät.

8. Dezember 1980
Der Ex-Beatle John Lennon wird vor seinem Haus am New Yorker Central Park erschossen.

12. April 1981
Erster Flug ins All: Als erstes wieder verwendbares Space Shuttle fliegt die „Columbia" mit Astronauten an Bord in zwei Tagen 36-mal um die Erde.

13. Mai 1981
Bei einer Audienz auf dem Petersplatz wird Papst Johannes Paul II. mit mehreren Schüssen schwer verletzt.

29. Juli 1981
Der britische Thronfolger Prinz Charles heiratet Lady Diana Spencer in der St. Paul's Cathedral in London.

10. Oktober 1981
Die größte Friedensdemonstration in Deutschland findet mit 250 000 Teilnehmern in Bonn statt.

14. Juni 1982
Mit der Kapitulation Argentiniens endet der Falklandkrieg gegen Großbritannien.

1. Oktober 1982
Bundeskanzler Helmut Schmidt (SPD) wird nach einem konstruktiven Misstrauensvotum abgewählt, sein Nachfolger wird Helmut Kohl (CDU).

9. Dezember 1982
Start von „E.T. – Der Außerirdische" in den deutschen Kinos.

Kindergeburtstage waren toll – nicht nur wegen der Süßigkeiten.

steckten sich gleich die ganze Muschel in den Mund, aber dann konnte man kaum vermeiden, dass einem die Spucke aus dem Mund lief. Praktischer waren die PEZ-Automaten, kleine Goofy- oder Tierfiguren, deren Kopf man nach hinten drückte und schon kam vorne ein süßer rechteckiger Brausebonbon heraus. Wir aßen mit Wonne Esspapier und Raider, das damals noch nicht Twix hieß. Hohen Unterhaltungswert bot die Ahoj Brause. Eigentlich sollte man sie in Wasser auflösen, aber da das sowieso nie so lecker aussah wie auf der Tüte, machte das fast niemand. Wir aßen das Pulver entweder aus der Hand oder schütteten uns die Tüte direkt in den Mund. Wir mischten Waldmeister und Himbeere und bekamen Bauchschmerzen. Wir schütteten die Brause in die Gießkanne, die unsere Mütter immer auf der Fensterbank stehen hatten. Allerdings waren wir ein bisschen enttäuscht, dass sich nirgendwo die erhoffte Wirkung in Form eines Brause-Baums zeigte. Ahoi Brause war einfach großartig. Irgendwann verloren wir sie aus den Augen. Erst als wir viel älter waren, entdeckten wir sie auf einmal auf der Getränkekarte diverser Bars wieder – als Wodka-Ahoj oder Brause-Sheriff.

Wir wurden flügge: Erstmals fuhren wir mit dem Kindergarten ins Schullandheim.

Im Etagenbett wollten alle immer oben schlafen

Da wir uns zwar nur noch von Süßigkeiten ernähren wollten, aber nicht durften, mussten wir uns mit anderen Dingen beschäftigen. Im Kindergarten zum Beispiel, da waren wir komplett abgelenkt. Entweder brachten uns morgens um neun Uhr unsere Mütter hin. Wer aber kleine Geschwister zu Hause und einen berufstätigen Vater hatte, der war meistens schon um einiges früher da. Und das war gar nicht schlecht: Die freie Auswahl beim Spielzeug war ein sonst sehr seltenes Glück. Unsere Jacken hängten wir an unseren Haken, daneben klebten ein blauer Kreis, ein rotes Dreieck oder ein gelbes Quadrat, damit wir nicht aus Versehen mit der falschen Jacke wieder nach Hause gingen. Die Hortkinder blieben zum Mittagessen da. Und wir wussten anhand des Geruches aus der Küche meistens schon im Laufe des Vormittags, was es zu essen gab. Wir bastelten Laternen aus weißem Papier und beklebten sie mit bunten Papierschnipseln. Jeder wollte die schönste für den kollektiven Laternenumzug haben. Doch da gab es dann einige, die „brenne auf mein Licht" ein bisschen zu wörtlich nahmen und deren Laterne gleich komplett in Flammen aufging. Spannend war es auch, wenn wir im Kindergarten übernachteten. Wir lagen auf Luftmatratzen und in Schlafsäcken eng nebeneinander – wenn wir denn überhaupt mal lagen. Denn ohne Kissenschlacht gaben

Die Affenschaukeln hielten im Schullandheim nur einen Tag.

wir sowieso keine Ruhe und danach erst recht nicht. Wir tobten in unseren Frottier-Schlafanzügen durch die Betten und erst nach diversen Gute-Nacht-Geschichten schliefen wir endlich ein. Die älteren Gruppen fuhren sogar für zwei Tage in ein Schullandheim. Es war ein organisatorisches Drama, schon bei der Abfahrt wollten einige nicht mehr mit, weil sie Heimweh hatten. Einmal angekommen, gab es Streit um die Betten. Nur Etagenbetten und natürlich wollten alle oben schlafen. Bevor es Tränen gab, wurde nach einer Nacht einfach getauscht. Wir fanden es toll, aber erst später wurde uns bewusst, was unsere Kindergärtnerin alles aushalten musste. Die Mädchen hatten meistens lange Haare, die unsere Mütter zu langen Zöpfen oder kleinen Affenschaukeln flochten. Dafür war natürlich keine Zeit, so dass wir mit wehenden Haaren und einigermaßen zerzaust aber bester Laune wieder zu Hause ankamen.

„Ein bißchen Frieden"

Es war 1981, als der Grand Prix d'Eurovision de la Chanson auch noch Grand Prix hieß und nicht Eurovision Song Contest. Damals sang Nicole mit weißem Pullover und Gitarre „Ein bißchen Frieden" und siegte. Ein Erfolg für Deutschland, konnte man doch zeigen, dass Deutschland in Sachen Volksmusik weit mehr zu bieten hatte als singende Knaben in Lederhosen. Doch das war's dann auch schon wieder. Seitdem hat Deutschland nicht mehr gewonnen, „douze points pour l'Allemagne" ist selten geworden. Der Tiefpunkt kam im Jahr 2005. Grazia, die bei der RTL-Show „Deutschland sucht den Superstar" in den Top Ten mitsang, landete beim Eurovision Song Contest auf dem letzten Platz.

Das „Puky" Dreirad war extrem bequem.

Schnell, schneller, am schnellsten

Laufen konnten wir inzwischen, nun wollten wir schneller werden und dazu brauchten wir die passenden Fahrzeuge. Erst hatten wir einen Roller, meistens aus Holz, ein Brett mit Stange und Lenker. Und es war ein ständiges Drama, den Roller zu parken. Er fiel nämlich immer um, und mit Ansage stolperte der Nächstbeste darüber. Bequemer war das Dreirad, es gab die gelben von „Puky", mit schwarzem Sitz und einer kleinen Hupe auf dem Lenkrad. Die Jungen waren meistens mit ihrem Kettcar unterwegs und versuchten, uns mit Vollbremsung und einem waghalsigen U-Turn zu beeindrucken. Doch als dann unsere Knie immer häufiger gegen den Lenker stießen, mussten wir umsatteln. Wir spielten viel draußen, in den Gärten, zwischen Häuserblöcken und auf der Straße. Und so guckten wir uns bei den Nachbarskindern auch immer gleich ab, was es so Neues gab.

Die meisten Mütter arbeiteten nicht, viele Väter hatten Jobs mit Perspektive und so scheu-

Wir waren stolz, als wir ohne Stützräder fahren konnten.

ten wir uns auch nicht, mit dem Wunsch nach einem Fahrrad vom Spielen nach Hause zu kommen. Wer Glück hatte, bekam tatsächlich eins zum Geburtstag oder es stand eins unter dem Weihnachtsbaum. Wer ältere Geschwister hatte, entdeckte nach der ersten Freude über das Geschenk auf einmal vertraute Kratzer oder Aufkleber – und der große Bruder fuhr strahlend auf seinem blitzenden neuen Rad davon. Aber das war nicht so schlimm, die meisten Fahrräder waren ohnehin grün, da fiel das nicht so auf.

Wichtig waren zunächst Stützräder. Damit ging das auch ganz gut, schwierig wurde es erst, als wir alleine fahren wollten, aber unsere Eltern ständig am Gepäckträger hingen. Bremsen fiel noch schwer, und als wir kurz vorm Umfallen waren, waren wir dann doch ganz froh, unsere Eltern dabeizuhaben. Ähnlich problematisch war es mit den Rollschuhen. Es sah ja irgendwie ganz einfach aus, aber trotzdem dauerte es, bis wir so richtig vorwärtskamen. Je älter und schneller wir wurden, desto mutiger mussten wir sein. Wir lieferten uns Rennen gegen die Kinder aus der Nachbarschaft, rollten Rampen hinunter, knallten gegen Garagentore, rasten durch Wälder und über Feldwege. Fahrradhelm? Fehlanzeige. Unsere Köpfe, Knie und Ellenbogen machten ungeschützt mit. Und nicht selten unbeschadet: Aufgeschlagene Knie wurden mit lustigen Tiermotiven bepflastert, Gipsarme oder -beine verzierten wir mit Unterschriften, Blumen oder anderen Motiven. Vor allem Jungen hatten die Fähigkeit, so mit dem Fahrrad hinzufallen, dass sie sich das Kinn aufschlugen. Sie zeigten stolz ihre genähten Narben, die sich verwuchsen und erst viele Jahre später wieder zu sehen waren, als die ersten Bartstoppeln sprossen.

Sticker

Die Prilblumen aus den 70ern hingen noch an den Küchenfliesen, da kamen auf einmal die 80er mit einer wahren Aufkleber-Flut. Es schien, als müsste wirklich jede Meinung langfristig klebend manifestiert werden. Vorzugsweise ging es dabei um die Lieblingsthemen der Grünen. „Ich bin ein Energiesparer" oder „Stoppt die Energieverschwendung" prangte also jetzt an Türen und Schränken. Direkt daneben „AKW – Nee" oder „Atomkraft? Nein danke". An den Heckscheiben der Autos klebte oft und gerne ein Souvenir des letzten Familienausflugs: „Heidepark Soltau" und „Hansapark". Daneben „Ein Herz für Kinder" oder „Kinder haben keine Bremse". Und wen es in die weite Welt hinauszog: „Let's go West!" Ähnlichkeiten mit einer bekannten Zigarettenmarke waren natürlich rein zufällig.

Endlich stand der Weihnachtsbaum – und alles war wieder friedlich.

Die friedlichste Zeit im Jahr

Weihnachten waren wir immer sehr aufgeregt. Oder eigentlich waren wir das schon vorher: 24 Tage lang öffneten wir jeden Morgen ein Türchen an unserem Adventskalender. Wir hatten kleine Pappkalender mit lustigen Motiven und 24 Stück Schokolade oder tatsächlich einen großen selbst genähten Weihnachtsmann oder Engel, an dem 24 kleine Geschenke hingen. Die Sache mit dem Adventskalender erledigten wir jeden Morgen als Erstes. Nachmittags hatten wir dann andere Aufgaben: Weihnachtsbasteln in der Schule zum Beispiel. Da versuchte eine Handvoll motivierter Mütter, mit uns lustige Weihnachtsmänner, Engel oder Schneemänner aus Fotokarton zu basteln. Heraus kamen in der Regel 20 unglückliche Gestalten voller Klebstoff, die bis Weihnachten an den Fenstern des Klassenzimmers hingen und am Heiligabend für Oma oder Opa unter dem Weihnachtsbaum lagen.

Wir bastelten auch zu Hause. Unsere Mütter waren unermüdlich, wenn es um das Sammeln von Bastelideen aus der „Brigitte" ging. Die Hefte stapelten sich und wir mussten alles mitmachen: Alle Jahre wieder machten wir Figuren aus Salzteig. Man knetete und formte den Teig ein bisschen, dann landete das Ganze im Ofen und kam steinhart wieder raus. Wir fanden den Salzteig zunächst spannend und leckten ihn natürlich ab, verloren aber das Interesse, weil man es ja doch nicht essen konnte. Der Klassiker war ein Baum, in den man den Familiennamen einritzte, und dann hing das gute Stück jahrelang an der Haustür.

Wir hatten eine gewisse Zeit an den Weihnachtsmann geglaubt, aber so richtig überzeugt waren wir nie. Das war aber auch egal, denn wir freuten uns so sehr über unsere Geschenke, dass es zweitrangig war, wer sie nun unter den Baum gelegt hatte. Den Baum kauften meistens unsere Väter – entweder auf

Geschenke auspacken war das Schönste an Heiligabend.

Nummer Sicher Anfang Dezember oder Last Minute am Morgen des 24. Was auch immer sie taten, sie konnten es nie richtig machen. Zu schief, zu klein, zu groß oder schräg gewachsen – alle Jahre wieder gab es Stress wegen eines Baumes, der nach zwei Wochen ohnehin auf dem Müll landete.

Wir fanden eigentlich alle Bäume schön, schließlich war Weihnachten. Wir bekamen sprechende und weinende Puppen, bei denen unsere Eltern sich manchmal noch an Heiligabend fragten, wer denn bloß auf die Idee gekommen sei, dem Kind dieses laute Geschenk zu machen. Und es gab Spielzeug von Lego und Playmobil, Matchboxautos, später auch Carrera-Bahnen oder Cassettenrecorder. Unsere Mütter waren gut beraten, vorher konkrete Wünsche bezüglich Kleidung oder Kosmetik zu äußern, sonst lief es auf praktische Dinge für den Haushalt hinaus. Unsere Väter bekamen Hemden und Krawatten, After Shave und Bücher. Da konnte nie was schief gehen, zumal alles problemlos getauscht werden konnte. Wir tauschten nur ganz, ganz selten etwas um. Wir hatten meistens vorher sorgfältig Wunschzettel gemalt, und wenn wir Glück hatten, dann wurde die gewünschte Puppe auch als solche erkannt.

Wetten, dass ...?

Schon die erste Sendung dauerte 40 Minuten länger als geplant: Am 14. Februar 1981 wurde zum ersten Mal „Wetten, dass ...?" live im Fernsehen gezeigt. Damals moderierte Frank Elstner – in der ersten Show in Düsseldorf brachte ein Schmied ein Stück Eisen nur durch Muskelkraft zum Glühen und ein anderer Kandidat blies eine Wärmflasche auf, bis sie platzte. Elstner hatte auch die Idee für „Wetten, dass ...?" und bis heute ist die Sendung eine der erfolgreichsten TV-Shows Europas. Mit verbundenen Augen erkennen die Kandidaten Kühe durch Ertasten des Euters, Lebensmittel anhand der Strichcodierungen, Autotypen am Zuschlagen der Tür und Langspielplatten anhand der Struktur ihrer Rillen. Seit 1987 moderiert Thomas Gottschalk die Sendung – der Mann mit den flotten Sprüchen, der auch schon mal betrogen wurde: Am 3. September 1988 schummelte sich ein Redakteur der Zeitschrift „Titanic" unter falschem Namen in die Sendung und gab vor, dass er die Farbe verschiedener Buntstifte am Geschmack erkennen könne. Wette gewonnen – aber nur scheinbar: Noch in der Sendung gab der Redakteur zu, unter dem Rand der nicht dicht schließenden Skibrille hindurchgelinst zu haben. Auch musikalisch ist „Wetten, dass ...?" noch immer für ein Highlight gut: So hatte zum Beispiel die Band „Take That" ihren vorerst letzten gemeinsamen Auftritt in der Sendung, Sarah Connor präsentierte sich recht freizügig und Michael Jackson war zweimal zu Gast.

Fit, schlank, straff und geschmeidig mit Aerobic-Star Jane Fonda.

Aerobic und Popgymnastik

Jahrelang waren unsere Mütter mehr oder weniger begeistert zur wöchentlichen Gymnastikstunde gegangen. Ein bisschen Sport tat ja ganz gut, aber man musste es ja nicht gleich übertreiben. Das änderte sich ziemlich abrupt dank einer engagierten Dame aus den USA: Jane Fonda vermarktete ihr Gymnastikkonzept als Aerobic und schon machten alle mit. Aerobic stellte sich als eine temporeiche Kombination aus klassischer Gymnastik und freiem Tanz mit Musik heraus. Jane Fonda hatte bereits 1977 ihr erstes Fitness-Buch „I feel good" geschrieben, Anfang der 80er wollten dann auch die europäischen Frauen so werden wie sie. Vor allem Frauen zwischen 30 und 40 Jahren liefen scharenweise in engen Trainingshosen, noch engeren Tops und Stulpen bis zu den Knien im ganzen Land in die Turnhallen. Ihre Motivation lautete: Wer gesellschaftlich mithalten will, muss fit, schlank, kräftig, straff und geschmeidig sein.

In der DDR wurde Aerobic Popgymnastik genannt und über die Fernsehsendung „Medizin nach Noten" populär gemacht. Eine Vorturnerin und ein paar Frauen waren im Fernsehen, alle anderen zu Hause am Bildschirm. Nachdem die ersten Aerobicstunden überwiegend in Turnhallen stattfanden, öffneten Mitte der 80er Jahre immer mehr Fitnesscenter. Auch die Männer wurden aktiv, mit Bodybuilding zum Beispiel. Wir Kinder bekamen davon noch nicht so viel mit. Wir turnten einmal pro Woche im Kindergarten und da reichten uns eine Sprossenwand und ein paar blaue Matten. Auch nachmittags gingen wir zum Turnen. Erst zum Eltern-Kind-Turnen, wo wir mit Spielen wie „Häschen in der Gruppe" und „Der Plumpsack geht um" gut beschäftigt waren. Aber bald wollten wir alleine durch die Hallen toben, Trampolin springen und auf dem Schwebebalken balancieren. Das war auch noch die Zeit, in der die Jungen nicht gelangweilt aufstöhnten, wenn Geräteturnen auf dem Plan stand. Dafür taten sie das später umso mehr.

Skandal im Sperrbezirk

Wir hatten inzwischen Sprechen gelernt und konnten gerade ganze Sätze bilden, da wurden wir auch schon musikalisch geprägt. Was wir damals noch nicht wussten: Die Melodien, deren Ohrwürmer nicht nur wir sondern auch unsere Eltern kaum noch loswurden, waren die Melodien der Neuen Deutschen Welle.

Nachdem die Hitparaden gut zwei Jahrzehnte lang fast ausschließlich von englischsprachiger Musik geprägt waren, kehrte nun

Den „Skandal im Sperrbezirk" entdeckte die Spider Murphy Gang.

die deutsche Sprache in die Top Ten zurück. Den Anfang machte unter anderem die Spider Murphy Gang, deren „Skandal im Sperrbezirk" sich Anfang 1982 wochenlang auf Platz eins in den Charts hielt. Danach folgten unter anderem Joachim Witt mit dem „Goldenen Reiter", Falco mit „Der Kommissar", Extrabreit mit „Hurra, Hurra, die Schule brennt", Trio mit „Da, Da, Da" und Hubert Kah mit „Sternenhimmel". Und natürlich Gabriele Susanne Kerner alias Nena: Mit „Nur geträumt" hatte sie im Sommer 1982 ihren großen Durchbruch, kurz danach sang sie „99 Luftballons". Bis Mitte 1983 waren die Songs der Neuen Deutschen Welle permanent in den deutschen Hitparaden vertreten, danach ebbte die Begeisterung wieder ab. Dennoch blieben die Songs weiter in unseren Köpfen und begleiteten uns auch später auf unsere ersten Partys. Auch dann noch, als die Hitparaden längst Charts hießen, weil das ja doch irgendwie besser klang.

Mehr als „Nur geträumt" hatte Nena im Jahr 1982.

AIDS

Die Symptome von AIDS wurden erstmals 1981 in den USA beschrieben. AIDS ist eine Immunschwächekrankheit, der Körper hat eine verminderte Abwehrfähigkeit gegenüber Krankheitserregern. Anfang 1982 waren etwa 150 Fälle bekannt. Da vor allem Homosexuelle betroffen waren, vermuteten die Wissenschaftler einen Zusammenhang und nannten das Syndrom zunächst GRID (Gay Related Immune Deficiency). Doch es waren immer mehr Heterosexuelle davon betroffen, jetzt nannte man den Immundefekt AIDS. 1983 entdeckten die Forscher den Erreger, das HI-Virus. Er kann über Blut, Sperma und Muttermilch übertragen werden. Anfang 1985 hatten sich in den USA bereits 10 000 Menschen angesteckt, in Europa waren bereits mehr als 750 Fälle bekannt. Im gleichen Jahr starb der Schauspieler Rock Hudson an AIDS, sein Tod rüttelte die Bevölkerung erst richtig auf. Auch andere bekannte Persönlichkeiten wie Jim Henson, der Erfinder der „Muppets" und Freddy Mercury, Sänger von „Queen", starben an AIDS. 1987 startete die Bundeszentrale für gesundheitliche Aufklärung die Kampagne „Gib AIDS keine Chance". Ende 2005 wurden rund 49 000 Menschen mit einer HIV-Infektion in Deutschland gezählt, weltweit sollen es mehr als 40 Millionen sein. Täglich sollen sich rund 14 000 Menschen auf der ganzen Welt neu infizieren.

In der Sandkiste spielten wir auch mit Matchbox-Autos.

Spielzeug, Spiele und Babysitter

Wir spielten im Kindergarten und wir spielten zu Hause. Bei den Jungen war alles das angesagt, was irgendwie Räder hatte oder rollte. Autos von Matchbox oder Siku zählten zur Grundausstattung eines jeden Kinderzimmers. Wir bauten Straßen aus Bauklötzen, rasten über imaginäre Autobahnen und bauten dramatische Unfälle, so dass die Autos nur so durch das Zimmer flogen. Sehr zum Leidwesen unserer Eltern, die oftmals im Dunklen versehentlich auf die Autos traten. Dafür hielten diese Autos wirklich alles aus und gingen nie kaputt. So schleppten wir sie auch gerne mit in die Sandkiste. Dort allerdings war auch die beste Qualität machtlos, wenn die Autos Sandberge rauf- und runterfuhren und regelmäßig im Treibsand versackten. Diese sandigen Klumpen auf Rädern hatten ab sofort ausdrückliches Kinderzimmerverbot, wenn sie denn überhaupt aus den Tiefen der Sandkiste wieder auftauchten.

Im Haus spielten wir auch gerne, zum Beispiel mit der Darda-Bahn. Dafür brauchten wir nämlich ebenen Boden, damit wir die Plastikschienen gut aneinanderbauen konnten. Die Autos hatten einen Aufziehmechanismus, wenn man richtig Schwung hatte, schafften sie sogar mehrere Loopings. Fortgeschrittene bauten die Bahn so, dass die Autos den Looping wie eine Sprungschanze nutzten und daraufhin quer durch das Zimmer schossen.

Die Mädchen spielten meistens etwas ruhiger. Mit unseren Puppen oder mit Monchhichis. Kleine Affen, die T-Shirts oder Schirmmützen trugen und sogar eigene Möbel inklusive Strandkorb hatten. Es gab Mama und Papa und Kinder und so konnten wir ganze Familienausflüge mit den Monchhichis machen. Oder wir spielten mit Anziehpuppen: Es gab eine Figurine und jede Menge Röcke, Hosen und Kleider aus Papier. Rock anziehen bedeutete, die kleinen Papierhaken um die Hüfte der Figurine zu legen und schon saß alles perfekt.

Monchhichis waren unsere Freunde – sie konnten sogar am Daumen nuckeln.

Das Spielzeug der Nachbarskinder war immer schöner und spannender als das eigene.

Viel Geduld erforderte Ministeck, das wir spielten, als wir etwas älter waren. Wir steckten kleine Plastiknoppen in verschiedenen Größen und Farben auf ein Gitter, so dass zum Schluss ein bunter Blumenstrauß oder ein Hundekopf entstand.

Bei den Kindern aus der Nachbarschaft entdeckten wir immer viele schöne Spielsachen in deren Kinderzimmer, die irgendwie immer schöner waren als unsere eigenen. Genauso wie die Zimmer unserer älteren Geschwister. Auch die fanden wir sehr spannend. Wenn sie Besuch hatten, schlichen wir so lange vor der Tür herum, bis wir endlich hinein und manchmal auch mitspielen durften. Das war ein großes, aber meistens nur kurzes Vergnügen. Der Satz „Das kannst du noch nicht" traf uns hart, wir revanchierten uns, indem wir gerade mühsam aufgebaute Spiele mit einem gezielten Tritt zerstörten.

Wenn unsere Eltern abends ausgingen, kamen eine nette Tante aus der Nachbarschaft oder unsere Großeltern. Und dann versuchten wir alles, was wir sonst nicht durften. Wir wollten lange spielen, lange aufbleiben, ohne Zähneputzen ins Bett, fernsehen und noch eine Extra-Gute-Nacht-Geschichte – aber „Bei Mama darf ich das auch" hat die meisten Babysitter kaum beeindruckt. Dennoch versuchten wir es jedes Mal aufs Neue. Wenn wir einmal im Bett lagen, hatten wir noch Durst oder plötzlich Angst im Dunkeln, der Kreativität waren keine Grenzen gesetzt.

Bei unseren Großeltern waren die Chancen auch ganz gut. Sie verwöhnten uns wie es nur ging, erlaubten – fast – alles und wir liebten sie darum umso mehr.

Augsburger Puppenkiste

Zu Beginn öffnet sich immer der Holzdeckel mit der Aufschrift „Augsburger Puppenkiste" und dann beginnt die Geschichte. Als 1982 die ersten vier Folgen der „Katze mit Hut" im Fernsehen gezeigt wurden, feierten die Marionetten schon fast ihr 30-jähriges TV-Jubiläum. 1953 begann mit „Peter und der Wolf" eine ganz besondere Erfolgsgeschichte im deutschen Fernsehen. Die Marionetten aus der Augsburger Puppenkiste hatten 1948 mit dem „Gestiefelten Kater" ihre Bühnenpremiere, doch durch das Fernsehen wurden sie erst richtig berühmt. Zu den Klassikern zählten „Jim Knopf und der Lokomotivführer", „Kater Mikesch", „Urmel" und „Der Löwe ist los". Ab 1953 wurden die Erlebnisse erst schwarzweiß und später in Farbe für das Fernsehen aufgezeichnet. Der Aufwand war hoch, gespielt wurde extra für die Kamera, dazu verschiedene Einstellungen und viele Scheinwerfer, so dass die Spieler teilweise Temperaturen bis zu 60 Grad aushalten mussten. Die TV-Geschichten wurden nie auf der Bühne in Augsburg gezeigt.

Familieneinkauf am Samstagmorgen

Am Samstag gab es meistens den gleichen Ablauf. Die Familie frühstückte erst gemeinsam, eventuell hatten die Väter vorher Brötchen geholt, und dann ging es los. Zum Beispiel zum wöchentlichen Großeinkauf. Dann fuhren wir mit unseren Vätern zum Supermarkt, holten kistenweise Wasser und palettenweise Saft, arbeiteten die Liste ab, fuhren auf dem Rückweg noch mal kurz im Baumarkt vorbei und alles war entspannt.

Sehr viel stressiger war es, wenn die ganze Familie in die nächstgelegene Stadt fuhr. Die Geschäfte hatten meistens nur bis 12 oder 13 Uhr auf, das heißt, wir mussten uns beeilen. Die gesamte Mannschaft landete also in der Kinderabteilung des Kaufhauses und wir mussten Hosen und Pullover anprobieren. Dabei wären wir viel lieber direkt in die Spielzeugabteilung marschiert. Unsere Geduld war also mehr als begrenzt, kurz gesagt: Wir hatten keine Lust und zeigten dies, indem wir uns zwischen den Kleiderständern versteckten oder die Arme vor der Brust verschränkten, wenn wir einen Pullover anziehen sollten. Dabei waren die Pullover meistens ganz bequem, wenn man sie denn einmal anhatte. Wir trugen Nicki-Pullover, kuschelig weich und gemütlich und natürlich die Mädchen in rot oder rosa und die Jungen in blau oder grün.

Ganz schlimm war es, wenn wir auf dem Weg nach draußen uns schon in Sicherheit wiegten und dann an der Abteilung für Pixi-

Die Mädchen in rosa, die Jungs in blau.

Fotos vorbeikamen. Noch mal eben schnell ein Foto, aber das war nicht unser Ding. Wir wurden auf unbequeme Stühle oder Decken gesetzt, hinter uns wurden Leinwände mit Herbstlaub oder ähnlichen Motiven herabgezogen und dann machten wir gute Miene zum bösen Spiel. Oder auch nicht. Und dann halfen auch sämtliche Scherze des Fotografen nichts: Die Tränen kullerten übers Gesicht und das Foto war im Eimer.

Getröstet wurden wir entweder doch mit einem kurzen Abstecher in die Spielzeugabteilung oder einem Besuch bei McDonald's. Die Schnellrestaurants schossen wie Pilze aus dem Boden und wir hatten schnell unsere Liebe zum Fast-Food entdeckt. Es gab anfangs weder ein Happy Meal noch die Junior-Tüte, aber wir fanden auch ganz allein heraus, dass Cola, Hamburger und Pommes Frites einfach die leckerste Kombination war.

1983-1986

Amigo gegen Scout, Jungen gegen Mädchen

Das 7. bis 10. Lebensjahr

Neon und Karottenhosen

Die Freunde der Verkehrssicherheit hatten in den 80er Jahren ihre wahre Freude – auch an unseren Eltern: Glänzende Goldstoffe, glamouröse Kleider für den Abend und Neonfarben am Tage – die Mode bot alle Farben, je leuchtender, desto besser. T-Shirts mit gelb-pink-grün-leuchtender Schrift, gerne auch passend dazu Stirn- und Armbänder.

Auch wir Kinder fanden Neon richtig gut: Wir liebten die Schlüsselanhänger, die man an der Gürtellasche einklinken konnte, dann kam jede Menge Telefonkabel und am Ende der Schlüssel. Pastelltöne waren ebenfalls angesagt, vor allem bei Hemden, Blusen und T-Shirts. Von Kopf bis Fuß war man auf Glitter eingestellt: Fönfisuren, die nur mit tonnenweise Haarspray hielten, daneben baumelten große, glänzende Ohrringe. Modeschmuck wurde überall dort getragen, wo Platz war. Am Hals und an den Armen, im Haar, an Hosen und Blusen. Die Frauen trugen wahlweise Leggings oder Karot-

Knallige Farben, bunter Haarschmuck – wir waren keine Kinder von Traurigkeit.

Chronik

23. März 1983
Ronald Reagan kündigt in seiner „Star-Wars-Rede" den Aufbau eines weltraumgestützten Raketenabwehrsystems (SDI) an.

29. März 1983
Mit 5,6 Prozent der Stimmen bei den Parlamentswahlen ziehen die Grünen erstmals in den Bundestag ein.

18. Juni 1983
Mit Sally Ride an Bord der Raumfähre Challenger startet erstmals in der US-Raumfahrt eine Frau ins Weltall.

7. November 1983
In München wird die erste öffentliche Zapfsäule für bleifreies Benzin in Betrieb genommen.

23. Mai 1984
Richard von Weizsäcker wird zum sechsten Bundespräsidenten gewählt.

1. August 1984
Es besteht fortan Anschnallpflicht mit Sicherheitsgurten auf sämtlichen Sitzen im Auto.

22. Oktober 1985
Das ZDF beginnt mit der Krankenhausserie „Schwarzwaldklinik", die im Durchschnitt 25 Millionen Zuschauer hat.

10. Juli 1985
Von Agenten des französischen Geheimdienstes wird das Greenpeace-Schiff „Rainbow Warrior" im Hafen von Auckland versenkt.

13. Juli 1985
Bob Geldorf organisiert zugunsten der Afrikahilfe das „Live-Aid-Concert" als bisher größte Show in der Geschichte der Pop-Musik.

28. Januar 1986
Die US-Raumfährer Challenger explodiert kurz nach dem Start, sieben Astronauten sterben.

26. April 1986
In Tschernobyl kommt es zum größten Kernreaktorunfall in der Geschichte.

Neon: Schick und gleichzeitig verkehrssicher.

tenjeans, darüber Oversize-Hemden, die von figurbetonten Formen noch Lichtjahre entfernt waren. Hauptsache bequem – Sweat-Shirts, Legwarmers und Turnschuhe zählten dazu, wenn es irgendwie ging trug man Chucks und die dann möglichst ausgelatscht.

Da machten auch die Männer mit. Oder sie entschieden sich für den coolen Dandy-Look: Don Johnson aus der Serie „Miami Vice" lebte vor, wie man weiße Anzüge mit auffälligen Hemden oder Schuhen kombinieren konnte. Auch hier war ein pastellfarbenes T-Shirt immer aktuell, neuerdings trug man auch T-Shirts unter dem Sakko.

So bunt und locker gestylt ging die Party-Generation abends in die Disco. Und damit es noch ein bisschen bunter wurde, tanzte man unter der schillernden Disco-Kugel. Man wollte auffallen, und das um jeden Preis.

Auch die Berufswelt blieb davon nicht verschont: Unsere Eltern-Generation strebte dem Erfolg entgegen und je erfolgreicher sie waren, desto mehr wurden sie zu dem, was im schönsten Neudeutsch Yuppies hieß. Die Young Urban Professionals demonstrierten ihren Status gerne anhand teurer Designerkostüme und -anzüge und kletterten im so genannten Powerdress die Karriereleiter nach oben. Ganz im Stil von „Denver Clan" trugen die Männer edle Anzüge mit breiten Schulterpolstern, die Frauen konterten mit schmalen Röcken, langen Blazern und High Heels. Doch nicht allen sagte dieser demonstrative Luxus zu: Die No-Future-Generation übte sich farbentechnisch in Enthaltsamkeit und trug einfach nur schwarz.

Nur Schein statt Sein: Hitlers Tagebücher

Es sollte der größte Medienknüller aller Zeiten werden – was blieb, war eine Blamage sonder gleichen für das Magazin „Stern". Am 22. April 1983 verkündete die Redaktion, sie habe Hitlers Tagebücher. Auf einer internationalen Pressekonferenz wurden ein Dutzend gebundener Kladden mit Reichsadler, Kordel und Hakenkreuz präsentiert. Die Echtheit der Tagebücher sei einwandfrei bestätigt. Doch keine zwei Wochen später beendete das Bundesamt für Materialprüfung den Traum von Ruhm und Reichtum: Die Tagebücher waren gefälscht. Der „Stern" hatte 9,6 Millionen Mark, umgerechnet rund 4,8 Millionen Euro, dafür investiert, die der Reporter Gerd Heidemann an Konrad Kujau gezahlt hatte. Später stellte sich heraus, dass Kujau die Tagebücher gefälscht hatte. Er wurde zu viereinhalb Jahren Gefängnis verurteilt. Auch Heidemann landete hinter Gittern: Das Gericht glaubte ihm nicht, dass er die Millionen tatsächlich an Kujau weitergegeben hatte. Der „Stern" litt noch jahrelang unter der Blamage. Die Geschichte wurde später unter dem Namen „Schtonk" mit Götz George in der Hauptrolle verfilmt.

Happy Birthday!

Wenn wir Geburtstag hatten, waren wir schon wochenlang vorher sehr aufgeregt und konnten in den Nächten davor kaum noch schlafen. Das Geburtstagskind war ein Tag lang „Bestimmer" und durfte alles tun, was es wollte. Für unsere Mitschüler brachten wir manchmal Kuchen oder Süßigkeiten mit in die Schule, und mit viel Glück bekamen wir an dem Tag keine Hausaufgaben auf. Mittags hatten wir noch ein bisschen Zeit, unsere Geschenke anzugucken oder auszuprobieren, und nachmittags kamen unsere Freunde zu Besuch. Natürlich hatten wir vorher schriftlich eingeladen. Es gab diese praktischen Karten in 10er-Päckchen: Der Einladungstext war fertig und man musste nur Datum, Uhrzeit und Name eintragen. Wir verteilten sie während der Pause, obwohl es dann oft enttäuschte Gesichter gab.

Wer so eine Karte bekam, klingelte also am Nachmittag an der mit Luftballons geschmückten Haustür und dann erlebte man drei recht anstrengende Stunden. Wir aßen Kuchen, bis wir nicht mehr konnten. Am liebsten „Kalten Hund", ein Schichtkuchen aus Nutella und Butterkeksen. Wir tobten durch Wohnungen und Gärten, spielten Topfschlagen und Verstecken. Wir zogen uns Schal und Mütze an und versuchten so schnell wie möglich, eine in Zeitungspapier verpackte Tafel Schokolade mit Messer und Gabel aufzuschneiden.

Enorm beliebt war die Schnitzeljagd oder eine Rallye. Wir folgten den Kreidepfeilen auf dem Bürgersteig oder den Bändseln an Bäumen und Ästen. In der Schatzkiste, die meistens in der heimischen Sandkiste oder auf dem Spielplatz in der Nähe mit lautem

Negerkuss und Wackelpudding: Nach dem Kindergeburtstag hatten wir meistens Bauchschmerzen.

Geschrei ausgebuddelt wurde, steckten oft kleine bunte Tüten mit Süßigkeiten, Bleistiften und Radiergummis, die man am Abend mit nach Hause nehmen durfte. Wenn am nächsten Tag die Klasse nach künstlichem Erdbeeraroma duftete, war klar, dass jemand Geburtstag gefeiert hatte.

Wenn Jungen feierten, dann gab es oft als Preis die kleinen Styroporflugzeuge mit Propeller, die man ruckzuck zusammenbauen konnte und die eigentlich auch immer ganz gut flogen. Bis sie in Nachbars Garten oder auf irgendeinem Baum landeten, und schon war die erste Flugstunde wieder vorbei.

Auf dem Land hatte man bei Geburtstagen immer den schönsten Spielplatz direkt am Haus. Wir tobten auf Heuböden, versteckten uns, sprangen immer und immer wieder in das trockene, weiche Gras. Wir spielten mit den Katzen, streichelten die Pferde und durften auf ihnen eine Runde reiten. Wir brauchten keine Schnitzeljagd und keine Flugzeuge, denn auf den Höfen gab es immer wieder Neues zu entdecken.

Strategic Defense Initiative

Am 23. März 1983 verkündete der US-amerikanische Präsident Ronald Reagan ein strategisches Verteidigungskonzept: Strategic Defense Initiative, kurz SDI oder auch „Star-Wars-Programm", stand für den Aufbau eines Systems von im Weltraum stationierten Waffen, mit denen feindliche Atomwaffen unschädlich gemacht werden können. Damit wollten sich die USA vor allem gegen einen Angriff der Sowjetunion schützen, verstießen jedoch gegen den ABM-Vertrag von 1972. Damals hatten die USA und die Sowjetunion versichert, keine landesweiten Verteidigungssysteme gegen ballistische Raketen aufzubauen. Das SDI-Projekt war technisch wie politisch sehr umstritten und wurde 1993 wieder eingestellt.

Von „Enorm in Form" zu „Breakdance"

Nachdem sich nun vor allem die Frauen auf der Aerobic-Welle kräftig ausgetobt hatten, kam 1984 der Tanzsport für Männer. Zugegeben, Breakdance ist nicht unbedingt der Innbegriff des Tanzsports. Breakdance hat einen ähnlichen Ursprung wie Rap und ist mit dem HipHop eng verbunden. Ein Breakdancer ist ein B-Boy, der mit halsbrecherischen Choreographien auf der Tanzfläche beeindruckt. Breakdance kam aus den USA, darum war es pauschal schon mal ziemlich angesagt, und so wollten die deutschen Fans auch B-Boys werden. Filme wie „Wildstyle", „Flashdance" und „Beatstreet" verstärkten dieses Bedürfnis umso mehr. Zum einen brauchte man dazu das richtige Outfit. Bequeme lockerlässige Kleidung und natürlich eine Mütze, damit die Drehung auf dem Kopf – der so genannte Top Spin – nicht von vornherein schon zum Scheitern verurteilt war.

Auf den Straßen ahmten die Jugendlichen die Moves nach – alles in allem eine Kombination aus Jazzdance, Flickflack, Kung Fu und Moonwalk. Bald sah man Breakdancer sogar am Samstagabend bei „Wetten, dass …?" und im „Aktuellen Sportstudio". Die BRAVO gab im April 1984 eine komplette Breakdance-Ausgabe heraus. Darin stand alles, was eine echter B-Boy so wissen musste: Modetipps, Tanzanleitungen, eine Übersetzung der wichtigsten Fachausdrücke und natürlich jede Menge Fotos aus der Bronx. Zumindest glaubte man das.

Für alle, die sich nur vorsichtig rantasten wollten, gab es auch Breakdance fürs Wohnzimmer: Jeden Samstagnachmittag eine Viertelstunde Breakdance für Anfänger im Fernsehen.

Breakdance und die B-Boys waren immer eine Attraktion.

Das ZDF hatte Kulissen und Musik der vormals sehr gemächlichen Gymnastiksendung „Enorm in Form" ordentlich aufgepeppt und nannte sie nun „Breakdance". Mit Eisi Gulp als Vortänzer und Professor Rosemeyer als medizinischem Berater. Seine Aussage „Die Verletzungsgefahr beim Moonwalking ist als relativ gering einzuschätzen" beruhigte doch ungemein, und so standen ganze Familien 15 Minuten vor dem Fernseher und versuchten sich an Electric Boogie und Freezes. Und guckten später in der Fußgängerzone ganz neidisch auf die Jungs, die dem ZDF-Animationsteam dann doch um Längen voraus waren.

Musik, die wir auf Händen trugen

Meistens hatten wir kleine Cassettenrecorder, fünf Tasten und ein Lautsprecher, da konnte gar nichts schief gehen. Und zunächst dachten wir auch überhaupt nicht darüber nach, wie toll es wäre, wenn man nicht immer nur vor dem Gerät sitzen müsste, sondern sich beim Hören frei bewegen könnte. Bis es den Walkman gab. Die ersten Modelle waren ein bisschen größer und um einiges schwerer als eine Cassette, aber wir trugen sie auf Händen. Auf Klassenfahrten war es verboten, sie mitzunehmen. Wir sollten miteinander kommunizieren und nicht mit dem Walkman. Aber auf der Fahrt in den Familienurlaub genossen unsere Eltern die himmlische Ruhe auf dem Rücksitz: Jahrelang hatte es Streit um das Unterhaltungsprogramm gegeben – nun konnte jeder das hören, was er wollte. Dafür wollten jetzt meistens alle gleichzeitig dieselbe Cassette hören, so dass sie doch wieder vorne im Auto abgespielt wurde, damit es auf der Rückbank keinen Streit mehr gab. Und noch während wir uns mit den Vor- und Nachteilen des Walkmans anfreundeten, kam 1983 schon die nächste technische Neuerung auf den Markt: Die CD. Doch die Vorzüge der digitalen Technik lernten wir erst sehr viel später kennen.

Gorbatschow wird Parteichef

Nach dem Tod von Konstantin Tschernenko wurde Michail Gorbatschow am 11. März 1985 zum Generalsekretär der KPdSU gewählt. Mit 54 Jahren war Gorbatschow nach Stalin der zweitjüngste Generalsekretär der Kommunistischen Partei. Vier Jahre später übernahm er das Amt des Staatspräsidenten. Gorbatschow war maßgeblich am Ende des Kalten Krieges und an der deutschen Wiedervereinigung beteiligt. Dafür erhielt er 1990 den Friedensnobelpreis.

Für Nichtschwimmer verboten: Der „Flipper" durfte trotzdem auf keiner Urlaubsreise fehlen.

Eindruck mit dem Schwimmabzeichen

An den Nachmittagen hatten wir jede Menge zu tun. Erst Mittagessen und dann wurde man meistens gleich zu den Hausaufgaben gezwungen. Jede Minute zählte, wir waren schnell – eindeutig zugunsten unserer Freizeit und zahlreichen Fehlern in unseren Rechenaufgaben. Wir waren begeistert, wenn ein gemeinsamer Ausflug ins Schwimmbad anstand. Aber dazu mussten wir zunächst wissen, wie's geht. Also ab in den Schwimmkurs. So standen wir bibbernd mit bleichen Beinen am Beckenrand und starrten in die Tiefe. Wir sahen uns alle zum Verwechseln ähnlich: Schlichte, meistens weiße Badekappen mit Noppen, blaue Badehose mit weißen Streifen oder blaue Badeanzüge mit weißen Streifen. Wir hatten uns lange auf die mit Luft und Styroporringen gefüllten Schwimmflügel verlassen, aber jetzt mussten wir alleine ran. 25 Meter schwimmen, auf den Boden tau-

Im Schwimmbad waren wir kaum voneinander zu unterscheiden.

chen und einen Ring holen – damit hatten wir unser Seepferdchen. Unsere Mütter nähten das Abzeichen in Hüfthöhe an die Schwimmanzüge und wir waren stolz wie Oskar. Damit standen wir erst am Anfang unserer Schwimmkarriere: Wir schwammen eine Viertelstunde und wurden Freischwimmer, nach einer halben Stunde Fahrtenschwimmer. Wir tauchten, wir sprangen aus drei Metern Höhe und noch einiges mehr. Und bekamen dann unsere Jugendschwimmabzeichen in Bronze und Silber. Auch diese wurden sofort aufgenäht, die Mädchen hatten auf ihren Anzügen jede Menge Platz, aber bei den Jungen wurde es inzwischen recht eng. Natürlich wurde beim nächsten Familienausflug ins Schwimmbad genau registriert, wer welche Abzeichen trug. Und wir waren auch nie bereit, andere Schwimmsachen als die mit den Abzeichen anzuziehen. Dabei wäre das auch kein Problem gewesen. In den Freibädern gab es zwar Umkleideräume, aber eigentlich störte es auch niemanden, wenn man sich mal eben schnell auf seinem Handtuch umzog. Uns Kinder sowieso nicht. Hauptsache, es dauerte nicht so lange und man hatte nicht hinterher die ganze Büx voller Sand oder Gras.

Der Ernst des Lebens

Auf die Schule haben wir uns gefreut. Unsere Schulranzen trugen wir schon Wochen vorher stolz durch die Wohnung, sortierten unsere Federmappen aus und wieder ein und fragten uns, was man mit einem Lineal so alles machen könnte. Dann mussten wir zum Arzt. Der klopfte und horchte und fragte jede Menge, bis er dann endlich zufrieden war und wir eingeschult werden durften. Es war ein großer Tag: Den leeren Schulranzen auf dem Rücken, mit Papa und Mama an der Hand standen wir vor der Schule und waren froh, wenn wir ein paar bekannte Gesichter sahen. Dann stellten wir uns in Zweierreihen auf, nicht wissend, dass wir das in den nächsten Jahren noch unzählige Male

Unsere Einschulung: Bunte Tüten, bunte Ranzen und wir mittendrin.

machen sollten. Wir gingen über den Schulhof in unsere Klassen, setzten uns hin, bekamen endlich unsere Schultüten und ein Patenkind gleich dazu. Die Viertklässler sollten uns alles zeigen und uns helfen. Aber viel wichtiger war die Schultüte: Große Tüten aus roter, blauer oder grüner Pappe, von unseren Paten beklebt und, wie wir Jahre später erfuhren, von unseren Eltern gefüllt. Obst, Süßigkeiten, kleine Geschenke und unser erstes Oktavheft. Es hieß auch Mitteilungsheft. So stand drin, dass wir jede Woche 1,20 Mark für unseren Kaba oder unsere Milch bezahlen mussten. Und wir bekamen unseren Stundenplan. Da stand, dass wir gleich am nächsten Tag wiederkommen sollten. So hatten wir das eigentlich nicht geplant, aber das war er dann wohl, der Ernst des Lebens.

Dafür gab es dann auch unsere erste orangefarbene Fibel, mit Fu und seiner Freundin, die je nach Bundesland und Ausgabe Fura oder Fulla hieß. Was dazu führte, dass wir uns alle einen alten Kniestrumpf mit zwei Knöpfen und ein paar Teppichfransen über die Hände stülpten und lernten, wie man „Ooooh" und „Aaaah" macht. Bald kämpften die Fu-Socken auch gegeneinander, verloren ihre verfransten Haare oder wurden auf einem Auge blind.

Auch sonst hatten wir Schwund zu verzeichnen: Rechnen lernten wir mit bunten Bauklötzchen, die wir in Reihen aneinanderlegten. Zumindest sollten wir es lernen. Aber die Klötzchen eigneten sich auch als prima Wurfgeschosse im Klassenzimmer, und um ein Haar wären wir alle nie über das Rechnen mit Zahlen bis Zehn hinausgekommen. Zum Glück gab es ja noch Lük. Lük wie Lernen – Üben – Kontrollieren. Flache graue Plastikkästen mit 24 Plastikplättchen, auf denen vorne Zahlen standen und hintendrauf war ein blaues, grünes oder rotes Muster. Dazu ein Heft mit Rechenaufgaben, die Antworten standen auf den Plättchen und mussten brav der Reihe nach in den Kasten gelegt werden. Zum Schluss Deckel zu, umdrehen und wieder öffnen. Wenn man richtig gerechnet hatte – Bingo. Dann ergab

Zu Beginn unserer Schulzeit waren wir noch brav und strebsam.

Amigo gegen Scout – einen wirklich Testsieger gab es jedoch nie.

sich ein symmetrisches Muster mit Rauten oder Dreiecken. Wenn nicht, gab's Chaos und man konnte noch mal anfangen.

Amigo gegen Scout

Am Tag der Einschulung sahen wir von hinten beinahe alle gleich aus. Es gab rote und blaue Schulranzen von Scout, und es gab rote und blaue Schulranzen von Amigo. Was wir an dem Tag noch nicht wussten: Mit dem Kauf der Schulranzen hatten unsere Eltern uns, wenn auch ungewollt, in zwei Lager gespalten. Scout gegen Amigo – die gesamte Grundschulzeit testeten wir, welcher Schulranzen denn nun besser war. Der Beginn vieler Freundschaften war der gleiche Ranzen, alles andere zählte erst später. Die von Scout waren etwas kleiner und hatten ein ziemlich schickes Fach fürs Pausenbrot in quietschorange. Der Amigo war groß und schwer, man sah immer aus wie ein Ranzen auf zwei Beinen, aber dafür war er so stabil, dass man sich bequem draufsetzen konnte. Natürlich hatten wir alle die passenden Turnbeutel dazu, die Jungen in blau, die Mädchen in rot. Da war die Marke ziemlich egal, wichtig war, dass man sie ordentlich weit werfen konnte und dass sie fußballtauglich waren. Einen wirklichen Testsieger gab es in der vierten Klasse immer noch nicht. Wahrscheinlich lag es daran, dass wir schon zu den Rucksäcken der Großen aus der Orientierungsstufe schielten. Da waren Schulranzen dann ohnehin irgendwie blöd.

Gnadenlose Wahlen

Wichtiger als der Unterricht waren die Pausen. In der ersten großen Pause mussten wir zunächst noch brav im Klassenraum bleiben und frühstücken. Wir hatten Wurst- oder Käsebrote dabei, sorgfältig eingepackt in bunten Plastikdosen oder in ökologisch weitaus weniger wertvollen Plastikbeuteln. Das Brot unseres Sitznachbarn sah immer viel leckerer aus als das eigene, am liebsten hätten wir alle nur Milchschnitten gegessen. Laut Werbefernsehen schmeckten sie einfach am besten. Zu trinken gab es meistens Sunkist. Kleine Tüten mit Strohhalm, die im Großen und Ganzen recht robust waren. Nur manchmal ging der kleine Silberverschluss irgendwie kaputt, der Saft lief aus, und nur wer dann seine Brote in einer Plastikdose mitbekam, hatte noch eine kleine Chance auf ein Frühstück.

Danach durften wir endlich raus, rannten auf den Schulhof und schon teilte sich die traute Klassengemeinschaft. Die Jungen spielten Fußball. Und zwar nur die Jungen. Pro Klasse gab es vielleicht ein oder zwei Mädchen, die mitspielen durften, aber die mussten dann schon richtig gut sein und viel einstecken können. Auf dem Schulhof spielte meistens auch schon die erste Wahl für die anschließende Sportstunde in der Turnhalle. Bevor wir mit Brennball, Völkerball oder Korbball begannen, wurden zwei Mannschaften gewählt. Mit lautem „Tip" und noch lauterem „Top" balancierten die Mannschaftsführer zunächst auf einer Linie aufeinander zu, wessen Fuß nicht mehr dazwischen passte, der hatte verloren und der andere durfte zuerst wählen. Meistens wurden die Sportchefs vom Schulhof zuerst gewählt. Bei den weiteren wurden gnadenlos nach sportlichem Können, und wenn das nicht reichte, nach Freundschaft entschieden. Und es waren immer die gleichen, die bis zum Schluss übrig blieben und achselzuckend mit in die Mannschaften aufgenommen wurden. Sämtliche Vermittlungsversuche der Lehrer blieben erfolglos, wer nicht vernünftig mit dem Ball umgehen konnte, hatte verloren.

Trendsport Tennis

Am 7. Juli 1985 siegte Boris Becker mit 17 Jahren als jüngster Tennisspieler aller Zeiten im Finale von Wimbledon gegen den Südafrikaner Kevin Curren. Der Sieg wirkte wie eine Initialzündung für Beckers Karriere, innerhalb kürzester Zeit avancierte Tennis nach Fußball zum beliebtesten Zuschauersport der Deutschen. Becker gewann noch zwei Mal das Finale von Wimbledon, später die US Open und die Australien Open. 1991 übernahm er die Führung der Weltrangliste.

Ebenfalls 1985 stand Steffi Graf erstmals im Halbfinale eines Grand-Slam-Turniers und stand am Jahresende als 16-Jährige auf Platz Sechs der Weltrangliste. 1988 gewann sie als einzige Spielerin bisher alle vier Grand-Slam-Turniere sowie die Goldmedaille bei den Olympischen Spielen. Mitte der 90er Jahre hatte sie mehrere Verletzungen, 1997 wurde ihr Vater wegen Steuerhinterziehung zu mehr als drei Jahren Gefängnis verurteilt. Nach einem Comeback im März 1999, als sie die French Open gegen Martina Hingis gewann, gab sie im August 1999 ihren Rücktritt bekannt.

Tschernobyl

Nach einer Explosion am 26. April 1986 im Kernkraftwerk Tschernobyl in der Ukraine schmolzen die Brennelemente und der Reaktor fing Feuer. Insgesamt wurde eine Menge an Radioaktivität freigesetzt, die etwa 500 Hiroshima-Bomben entsprach. In den nächsten Tagen wurden mehr als 120 000 Menschen evakuiert, viele erkrankten insbesondere an Schilddrüsenkrebs. Tausende starben in den nächsten Jahren an den Folgen der Radioaktivität. Anfang Mai 1986 wurde auch in vielen Teilen Europas Radioaktivität gemessen. In Deutschland war vor allem der Süden betroffen, bei Freilandgemüse und Milch wurden hohe Belastungswerte gemessen. Die Angst in Deutschland war groß: Wochenlang durften Kinder nicht zum Spielen nach Draußen. In Tschernobyl wurde am 15. Dezember 2000 der letzte der ehemals vier Reaktorblöcke endgültig abgeschaltet.

Unbeschwertheit hatte ihre Grenzen

Wir waren glücklich und lebten unbeschwert in den Tag hinein. Wir hörten zwar immer mal von unseren Eltern, dass wir uns dessen bewusst sein sollten, weil es nicht allen Kindern auf der Welt so gut ginge, aber so richtig vorstellen konnten wir uns das nicht. Das änderte sich, als wir in der zweiten oder dritten Klasse waren. Mit ernstem Gesicht standen die Lehrer vor der Klasse und sprachen von Hungersnot und Äthiopien. 1984 und 1985 starben dort mehr als eine Million Menschen. Wir wussten damals noch nicht mal, wo Äthiopien eigentlich lag und konnten uns auch immer noch nicht vorstellen, dass es da so lange nicht geregnet hatte und es dort nichts mehr zu essen gab. Doch wir lernten, wie der Wasserkreislauf funktioniert und warum er irgendwann nicht mehr funktioniert. Und so beschlossen wir zu helfen. An unseren Schulen wurden Kekse und Kuchen gebacken, Theater gespielt, Lieder gesungen, gebastelt und genäht. Alles für den großen Schulbasar, dessen Erlös für die Kinder in Äthiopien gespendet werden sollte. So gern wir es taten, es klappte dann doch nicht alles. Die Töpfergruppe zum Beispiel versuchte sich im Modellieren von Menschen und Tieren – und bei fast allen kam am Ende entweder ein großer Klumpen mit Schwanz heraus oder man drückte so lange daran herum, bis mit viel gutem Willen ein Aschenbecher mit Kopf entstand. Warum auch immer, beim Basar wurde dann doch alles verkauft.

Meine Schulklasse in Wort und Bild

Wir sahen unsere Mitschüler zwar jeden Tag und machten uns keine Gedanken darüber, dass es auch mal anders sein könnte. Dennoch fingen wir an, Erinnerungen zu sammeln und zwar in unseren Poesiealben. Vor allem die Mädchen hatten eins, aus rotem Leder oder rosa Plastik. Zunächst ließen wir unsere Eltern, Großeltern, Tanten und Onkel einen kleinen Spruch hineinschreiben. Sie wünschten uns das Rundum-Sorglos-und-Glücklich-Paket für's Leben, eingewickelt in Formulierungen von Heine oder Goethe. Unsere Mitschüler waren da praktischer veranlagt. „Rosen, Tulpen, Nelken, diese drei verwelken,

Freundschaften wurden im Schullandheim gefestigt.

Wenn nicht, dann blieb das Poesiealbum als Erinnerung.

Stahl und Eisen bricht, aber unsere Freundschaft nicht" oder „In allen vier Ecken soll Freundschaft drin stecken" waren Klassiker. Andere fassten sich noch kürzer: „Dieser rote Strich erinnert Dich an mich." Die Freundschaften sind meistens irgendwann doch zerbrochen, aber die Sache mit dem roten Strich funktioniert noch heute.

Die Jungen hatten keine Lust auf diesen Mädchenkram. Gedichte abschreiben und am Ende noch was dazuzeichnen – das war nichts für gestandene Grundschüler. Ihre Alternative hieß „Meine Schulklasse" und war idiotensicher. Ein Album mit vorgedruckten Seiten, in die jeder Alter, Größe, Gewicht, Berufswunsch, Lieblingsbuch und Lieblingsfilm eintragen konnte. Noch ein Foto dazu links oben in die Ecke, vorzugsweise aus dem letzten Sommerurlaub, und schon war man fertig. Es gab sogar noch die Rubrik „Was ich Dir wünsche", in der man noch was in Richtung Freundschaft loswerden konnte, aber die blieb meistens leer. Das Tollste war, wenn man das Album von einem Mitschüler zurückbekam und während des Unterrichts heimlich unter dem Tisch blätterte.

Besonders gewiefte schrieben anhand der Klassenliste alle Namen der Reihe nach hinein, so dass jeder seine Seite zugewiesen bekam und keiner vergessen wurde. Wir fragten auch die Lehrer und die meisten machten mit. Allerdings war vielen das Poesiealbum lieber, wo sie ebenfalls in Richtung Sorglos-Paket kreativ wurden oder gerne irgendwas mit Bildung oder Weisheit schrieben. Hatten wir sie zu einem Eintrag in „Meine Schulklasse" verdonnert, dann gab es nur wenige, die bei Größe und Gewicht ehrlich antworteten. Wenn überhaupt. Auch Fotos klebten nur wenige ein. Der Berufswunsch hatte sich ohnehin schon erledigt, die Lieblingsbücher kannten wir nicht, so blieben am Ende dann nur noch die Wünsche mit Bildung und Weisheit übrig. Auch gut.

1987–1990

Die erste Liebe von und mit der BRAVO

Das 11. bis 14. Lebensjahr

Willst Du mit mir gehen?

Mit dem Wechsel von der Grundschule in die Orientierungsstufe wechselten noch ganz andere Dinge in unserem Leben. Bisher waren Jungs diejenigen gewesen, die in der Pause Fußball spielten, und die Mädchen waren mit Hüpfspielen und Gummitwist beschäftigt. Jungen ärgerten die Mädchen und die Mädchen ärgerten zurück. In der fünften Klasse wurde es dann anders. Auf einmal kursierten kleine Zettel in der Klasse mit „Willst Du mit mir gehen?" und drei Kästchen zum Ankreuzen. Ja, Nein, Weiß noch nicht – das waren die Antworten, mit denen wir uns vorsichtig aus der sicheren Schulhofaufteilung hervorwagten. Ein weiterer Schritt war das Flaschendre-

Chronik

6. März 1987
Die britische Kanalfähre „Herald of Free Enterprise" kentert kurz nach dem Auslaufen aus dem belgischen Hafen Zeebrügge. 193 Passagiere sterben.

23. März 1987
Willy Brandt gibt seinen vorzeitigen Rücktritt als SPD-Parteivorsitzender bekannt.

28. Mai 1987
Der deutsche Sportflieger Mathias Rust landet mit seiner Cessna auf dem Roten Platz in Moskau.

24. August 1987
An der schleswig-holsteinischen Westküste wird der erste deutsche Windenergiepark eingeweiht.

11. Oktober 1987
Der ehemalige schleswig-holsteinische Ministerpräsident Uwe Barschel, wegen politischer Verstrickungen zuvor von der CDU fallengelassen, wird tot in einem Genfer Hotel aufgefunden.

5. Januar 1988
Die Serie mit dem liebenswerten Außerirdischen „Alf" startet im deutschen Fernsehen.

28. August 1988
Auf dem US-Luftwaffenstützpunkt Ramstein stoßen drei Flugzeuge einer Kunstflugstaffel zusammen. 70 Menschen sterben, 379 werden verletzt.

4. Juni 1989
Die wochenlangen Proteste chinesischer Studenten auf dem Platz des Himmlischen Friedens in Peking werden von der Armee gewaltsam beendet. Mindestens 1000 Menschen sterben.

9. November 1989
Nach monatelangem öffentlichen und politischen Druck öffnet die DDR die Grenzen zur Bundesrepublik Deutschland.

3. Oktober 1990
Die zwei deutschen Staaten werden vereint, der 3. Oktober ist von nun an Nationalfeiertag.

8. Juli 1990
Mit einem 1:0 gegen Argentinien gewinnt Deutschland das Finale der Fußball-Weltmeisterschaft in Italien.

hen bei Geburtstagen und Faschingsfesten. Auf Tat oder Wahrheit folgte oft ein schneller und flüchtiger Kuss auf die Wange des Mitschülers, begleitet vom Gejohle der anderen. Händchen halten und sich mal auf den Schoß des anderen setzen war schon richtig mutig, bis es irgendwann normal wurde und alle anderen es auch wollten. Jungs durften Mädchen wieder zum Geburtstag einladen und umgekehrt. Da es meistens ja auch noch unsere Mütter waren, die die Geschenke aussuchten, war man da sowieso auf der einigermaßen sicheren Seite. Gleichzeitig blühte der Tratsch: Wer wen gut fand oder auch nicht lenkte uns immer mehr von Fußball und Gummitwist ab. Die Mädchen begannen, in kleinen Gruppen über den Schulhof zu wandern und immer häufiger mal bei den Jungen vorbeizugucken. Und dann gab es tatsächlich die ersten Pärchen, die sich auch mal nachmittags allein verabredeten und Nintendo spielten. Das ging so lange gut, bis wieder ein kleiner Zettel durch die Klasse wanderte. Mit dem kurzen Satz: „Ich mache Schluss." So einfach war das damals.

Mit der BRAVO wurden wir groß

Ende der 80er Jahre wollten wir das, was die großen Geschwister unserer Freunde schon lange hatten und auf das wir bei jedem Besuch neidisch schielten. Es war spannend, es war cool, es war eben die BRAVO. Und wir quengelten, bis unsere Eltern irgendwann nachgaben und die BRAVO erlaubten. Und dann plötzlich anfingen zu erzählen, dass sie früher ja auch ab und zu und eigentlich doch recht regelmäßig die BRAVO gelesen haben.

Von der Bravo-Foto-Love-Story durfte man keine Folge verpassen.

Es war ja auch alles drin, was man so brauchte: Eine Foto-Love-Story, in der Heft um Heft eine Intrige auf die andere folgte und deren letztes Foto immer das Happy End eines küssenden Pärchens im Vordergrund war, während die Verlierer der ganzen Geschichte mit sauertöpfischem Gesicht im Hintergrund standen. Außerdem gab es die Charts, alle möglichen Geschichten von A-ha, den Ärzten, Kylie Minogue oder Michael Jackson, Übersetzungen englischer Hits zum Sammeln und den Psycho-Test. Niemand wagte es, die Antworten mit Kugelschreiber anzukreuzen, falls noch jemandem anders das Heft in die Hände fiel. Zumindest so lange, bis man raus hatte, welche Antworten gefragt waren, um am Ende in der besten Kategorie zu landen.

Und es ging natürlich um die schönste Nebensache der Welt. Das Dr.-Sommer-Team beantwortete sämtliche Fragen, die wir noch gar nicht hatten. Wer wie und in welcher Stellung den meisten Spaß hatte, das war uns noch relativ egal. Auch mit dem Begriff Petting konnten wir nicht so richtig viel anfangen. Es war eher lustig. „Plötzlich stand sein Vater im Zimmer" war nur eine von regelmäßig wiederkehrenden Anekdoten der Marke peinlichstes Erlebnis.

Die BRAVO war auch maßgeblich an dem Streit beteiligt, wer denn nun toller war: Bros oder A-ha. Zwei Boygroups mit jeweils drei smarten Typen, die einen aus England, die anderen aus Schweden, beide mit einem ähnlich schmachtenden Gesangsstil und irgendwie konnte und durfte man nur eine gut finden. Obwohl schon damals die A-ha-Fraktion bedeutend größer war und irgendwann war dann Bros ohnehin weg vom Fenster. Und damit auch alle Poster.

Apropos Poster: Die BRAVO veröffentlichte etwa zwei bis drei Mal im Jahr den Starschnitt. Über acht bis zwölf Wochen verteilt erschienen Patrick Swayze, Patrick Bach oder David Hasselhoff zerstückelt in sämtliche Körperteile. Zum Leidwesen unserer Mütter bestückten wir so ganze Kleiderschränke. Wenn es nicht passte (manche Stars wurden im Liegen portraitiert) dann wich man eben zwangsweise auf Türen und Tapeten aus. Verpasste man doch mal eine Ausgabe, hoffte man wieder auf die älteren Geschwister der Freunde, die das schon nicht mehr so cool fanden und gerne mal mit dem Knie von Patrick Swayze aushalfen. Wenn nicht, dann fehlte eben mal ein Arm oder schlimmstenfalls der Kopf. So lange, bis man sich schweren Herzens von dem ganzen Starschnitt trennen musste, weil die BRAVO eine neue Serie startete und für zwei war nun mal kein Platz mehr.

Das Geiseldrama von Gladbeck

Am Morgen des 16. August 1988 überfielen Dieter Degowski und Hans-Jürgen Rösner eine Filiale der Deutschen Bank im nordrhein-westfälischen Gladbeck. Auf der Flucht nahmen sie zwei Bankangestellte als Geiseln, fuhren mit Rösners Freundin Marion Löblich weiter nach Bremen. Dort brachten sie am Abend des 17. August 1988 einen Linienbus in ihre Gewalt, fuhren mit 27 Geiseln auf die Autobahn. Auf einem Rastplatz erschoss Degowski den 15-jährigen Emanuele di Georgi. Der Bus fuhr weiter in Richtung Niederlande, bei der Verfolgung verunglückte ein Polizist tödlich. Am Morgen des 18. August 1988 fuhren die Täter mit zwei jungen Frauen in einem BMW weiter in Richtung Rheinland. In der Nähe von Bad Honnef griff ein Sondereinsatzkommando der Polizei ein, Rösner erschoss Silke Bischoff. Im März 1991 wurden Rösner und Degowski vom Landgericht Essen zu lebenslangen Haftstrafen verurteilt. Während der Geiselnahme gaben die Täter den Medien breitwillig Interviews, ein Journalist fuhr sogar zeitweise im Fluchtwagen mit. Die Sensationslust der Medien sowie das Verhalten der Polizei wurden in der Öffentlichkeit stark kritisiert, die Geiselnehmer waren zu Medienstars geworden.

Cola-Dosen hatten in fast allen Jugendzimmern ihren Platz.

Große Kinder, große Zimmer, große Fahrräder

Überhaupt veränderten sich unsere Zimmer in dieser Zeit. Während die Stars einzogen, mussten andere raus. Zum Beispiel unsere Puppen. Sie hatten uns jahrelang begleitet, waren mit ins Schullandheim und in den Urlaub gefahren, hatten Geburtstage mitgefeiert und uns getröstet, wenn es Streit mit den Eltern gab. Die Lieblingspuppe war immer für uns da, und das war gut so. Doch auf einmal war es uncool, mit Puppen zu spielen und sie mussten weg.

Bei den Jungen war das anders. Zum einen, weil sie bis auf ganz wenige Ausnahmen ohnehin keine Puppen hatten, zum anderen, weil sie meistens ohnehin nur ein Kuscheltier wie Affe, Schäferhund oder Elefant hatten. Und der durfte dann bleiben, wenn er auch vom Bett ins Bücherregal ziehen musste.

Mit dem Umzug der Puppen auf den Dachboden, in das Zimmer der kleinen Schwester oder im Zweifelsfall auf den Flohmarkt ver-

Mit hellen Kiefernmöbeln und Postern an den Wänden wurden wir groß.

änderte sich das ganze Zimmer. Auch die Jungen misteten aus, Lego und Playmobil verschwanden in große Kartons, die Piratenflaggen am Etagenbett wurden abgehängt. Die Tierposter an den Wänden verschwanden und machten Platz für Swayze & Co. Wir hatten jetzt ein Jugendzimmer, oft waren Bett, Schreibtisch und Kleiderschrank aus der gleichen Möbelserie aus hellem Kiefernholz. Wir lebten in weiß oder hellgelb gestrichenen Räumen mit Raufasertapete und Teppichboden.

Zur Schule fuhren wir mit dem Bus oder mit dem Fahrrad. Aus unseren Kinderrädern wuchsen wir nach und nach raus, die 28er-Größe musste es jetzt sein. Bei den Jungen war blau oder silber mit Rennlenker beliebt, die Mädchen tendierten damals sehr zu mintgrün mit weißem Sattel. Der Nachteil eines weißen Sattels erschloss sich spätestens dann, wenn man sich das erste Mal mit einer blauen Jeans auf den nassen Sattel gesetzt hatte und als Ergebnis eine langfristige Mischung aus blau und grau entstand.

Die Mauer fällt – Chronik der Wende:

7. Oktober 1989
An diesem Tag wird die DDR 40 Jahre alt, aber viele wollen nicht feiern, sondern nur noch weg. Seit dem 10. September verlassen bereits viele Bürger das Land, flüchten nach Ungarn, Prag und Warschau.

18. Oktober 1989
Erich Honecker tritt als Staatsratsvorsitzender der DDR und Generalsekretär der SED zurück, sein Nachfolger wird Egon Krenz.

27. Oktober 1989
Der Staatsrat beschließt eine Amnestie für alle illegal ausgereisten DDR-Bürger. Die am 12. Oktober verhängten Reisebeschränkungen in die Tschechoslowakei werden aufgehoben.

7. November1989
Die gesamte Regierung der DDR tritt zurück.

9. November 1989
Gerücht, Versprecher oder eine endgültige Entscheidung? Nach langem Hin und Her öffnen die Grenzbeamten die Tore. Auch in Berlin. Die Mauer fällt.

13. November 1989
Die Volkskammer wählt Hans Modrow zum neuen Ministerpräsidenten.

28. November 1989
Bundeskanzler Helmut Kohl verkündet seinen so genannten Zehn-Punkte-Plan zur Überwindung der deutschen Teilung.

3. Dezember 1989
Zentralkomitee und Politbüro der SED treten endgültig zurück.

22. Dezember 1989
Öffnung des Brandenburger Tores.

3. Oktober 1990
Die zwei deutschen Staaten werden vereint, die Existenz der DDR ist vorbei. Der 3. Oktober wird als „Tag der Einheit" zum Nationalfeiertag erklärt.

Unser Feind, der Kieferorthopäde

Fast alle hatten wir als kleine Kinder am Daumen, an den Fingern oder am Schnuller genuckelt. Zum Einschlafen brauchten wir das unbedingt und unsere Eltern ließen uns gewähren. Später bekamen wir die Quittung dafür: Wir mussten zum Kieferorthopäden. Erst fanden wir das noch spannend, als die ersten mit den silbernen Bügeln im Mund in die Schule kamen. Wir bissen in Gurkenscheiben und schoben das Gemüse nach oben zwischen Kiefer und Oberlippe und bildeten uns ein, wir hätten schon eine Spange. Das änderte sich aber sofort mit dem ersten Besuch beim Kieferorthopäden. Diese Spezies hatte von vornherein keine Chance, dass wir sie mögen würden. Keiner von uns gab jemals Kieferorthopäde als Berufswunsch an. Der Start begann oft schon schlecht, wenn der gute Mann erst mal meckerte, warum wir denn überhaupt am Daumen gelutscht hatten. Dann schüttelte er den Kopf, machte Abdrücke mit einer nach Kaugummi schmeckenden grünen Paste, und einige Wochen später war es dann so weit: Wir bekamen eine Zahnspange. Es gab verschiedene Modelle. Die festen, die direkt an den Zähnen befestigt wurden und da auch blieben. Man konnte sie nicht herausnehmen, durfte kein Kaugummi mehr kauen und auch sonst nervte es ziemlich. Die losen Spangen waren besser: Wenn man keine Lust mehr hatte, konnte man sie einfach herausnehmen und in die kleine rote Dose in Apfelform stecken, die die Jungs oft lässig am Hosenbund trugen. Ab und zu musste man sie mit einem kleinen

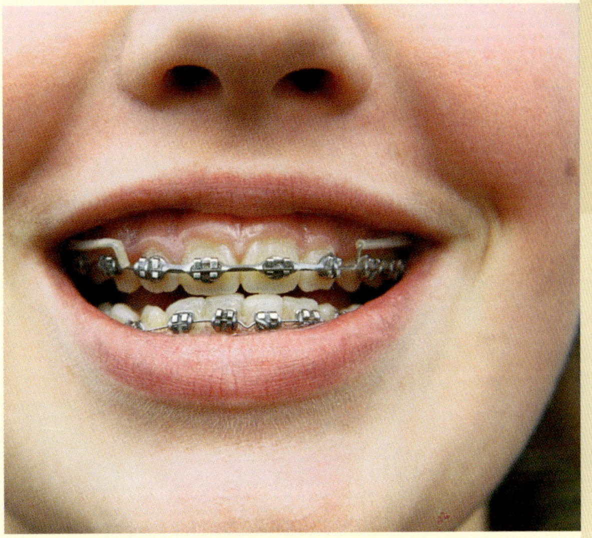

Kaugummi kauen war verboten und auch sonst machten die festen Zahnspangen nicht so richtig Spaß.

Metallstift stellen, das heißt mit ein, zwei Umdrehungen schmaler oder breiter machen. Auch das vergaßen wir gerne, würde ja eh keiner merken. Von wegen. Denn der Kieferorthopäde sah sofort, ob wir die Spange brav getragen hatten oder nicht. Und dann gab es schon wieder Ärger. Noch schlimmer war es, wenn die Klammer kaputtging, weil man aus Versehen draufgetreten war oder sie gleich ganz verloren hatte. Mit Pech musste man nachts zusätzlich einen Bügel an der Spange befestigen, der wiederum von einem Kopfteil gehalten wurde. Damit konnte man eigentlich nur auf dem Rücken schlafen, versuchte man es trotzdem auf der Seite oder auf dem Bauch, zierte am nächsten Morgen einen schöner Bügelabdruck die Wange. Das Spiel zog sich über einige Jahre hin und es wurde auch nie richtig besser. Bis wir endlich erlöst wurden, die Kieferorthopäde erklärte die Behandlung für beendet, die Spange flog in den Müll und wir wie auf Wolken aus der Praxis.

Ein Klassiker zur Konfirmation: Schwarzer Blazer, weiße Bluse, kurzer Rock.

Die Glaubensfrage

Bis wir in die Mittelstufe wechselten, waren Glaube und Religion nur selten ein Thema für uns. Das lag auch an den Lehrern. Je nach Anspruch und Ausrichtung unserer Schulen hatten wir einmal pro Woche richtigen Religionsunterricht oder eine Extra-Stunde auf dem Spielplatz. Uns fiel zwar auf, dass manche Schüler ganz vom Religionsunterricht befreit waren und schon nach Hause gehen durften, wenn wir uns noch mit Noah und den Tieren auf der Arche beschäftigen mussten. Aber warum und wieso, das war nicht so wichtig. Nach der Grundschule befanden die Lehrer ohnehin, dass wir genug über das Alte und das Neue Testament gelernt hatten. Ein bisschen weiter waren da die katholischen Mitschüler, bei denen jetzt die Kommunion anstand.

Erst in der siebten Klasse wurde das Thema Religion aktuell: Der Konfirmationsunterricht begann, die katholischen Mitschüler bereiteten sich auf ihre Firmung vor. Während uns unsere Eltern beiseite nahmen und wissen wollten, ob wir an Gott glauben und uns konfirmieren lassen wollten, entschied sich diese Frage in der Schule ganz von allein. Alle meldeten sich an, die älteren erzählten jede Menge über lustige Konfirmandenfreizeiten, mit denen man gleich ein halbes Jahr Konfus sparte und schon waren wir dabei.

Und natürlich lockte auch das Geld, das es zur Konfirmation gab. Doch bevor wir uns um künftige Fahrräder, Computer und Stereoanlagen Gedanken machten, gingen wir mehr oder weniger regelmäßig einmal in der Woche in das Gemeindehaus. Die dort erklärten Werte wie Freundschaft, Toleranz, Interesse für den Nächsten und friedliches Miteinander setzten wir noch während des Unterrichts in die Tat um. Schließlich lernte man jede Menge nette Leute aus den Parallelklassen und anderen Schulen kennen. So hatte es unser Pastor zwar auch nicht gemeint, aber wir fanden das ziemlich gut.

Kurz vor der Konfirmation ging es um die Kleidung. Für viele Jungen war es der erste Anzug und die erste Krawatte, und so mancher lockere Typ stand auf einmal recht stocksteif in der Kirche. Bei den Mädchen war es auch nicht besser: Kurzer schwarzer Rock, dazu ein schwarzer Blazer und eine weiße Bluse. Meistens trugen wir die Kombination ohnehin kein zweites Mal mehr. Es sei denn, man war bei der besten Freundin ebenfalls zur Konfirmation eingeladen, dann zog man es eben eine Woche später noch mal an und gab sich schon sehr souverän und sehr erfah-

Wir hatten viel Spaß – vormittags in der Schule und nachmittags auf der Straße.

ren. Ziemlich gut fanden wir auch, dass man am Montag nach der Konfirmation schulfrei hatte. Ein großer Tag: keine Schule und man konnte die Geldgeschenke gleich in ein neues Fahrrad oder den ersehnten PC umsetzen.

Drei Einträge ins Klassenbuch

Es waren die Jahre, in denen uns die Schule immer weniger interessierte. Zumindest der Unterricht. In das grüne Klassenbuch, das in jeder Stunde vorne auf dem Lehrerpult lag, wurden auch immer mehr Schüler wegen des so genannten auffälligen Verhaltens eingetragen. Auf „Jan stört" folgte bald ein „Jan stört zum wiederholten Mal" und wenn ein „Jan stört permanent" drin stand, dann war der Brief an die Eltern definitiv fällig. Wenn es ganz schlimm war, kamen die Lehrer mit den Namen nicht mehr hinterher und trugen pauschal die ganze Klasse ein. Es war nur eine Frage der Zeit, bis wir begannen, das Klassenbuch zu verstecken. Es gab aber auch so viele andere Möglichkeiten: Ein nasser Schwamm auf dem Stuhl des Lehrers und Kreide verstecken war schnell Standard. Die Tür zum Klassenraum mit Tischen und Stühlen oder Toilettenpapier zu verbarrikadieren, das war schon etwas mehr Aufwand. Wir verstopften das Schlüsselloch mit Streichhölzern, vertauschten unsere Namenschilder bei Vertretungslehrern, und stellten uns kollektiv unwissend, wenn die Hausaufgaben abgefragt wurden. Wir warfen nasse Teebeutel an die Decke und warteten sehnsüchtig auf den Moment, in dem sie während des Unterrichts von der Decke fielen. Wenn uns unsere neugierigen Blicke an die Decke nicht schon vorher verraten hatten. Es gab Lehrer, die ziemlich souverän damit umgingen und sich nicht irritieren ließen. Andere wechselten nach zwei Jahren Orientierungsstufe an die Abend-

Cool und noch cooler: Keine Schwäche zeigen und am wenigsten vor den Lehrern.

schule. Wir machten uns darüber keine Gedanken. Auch wenn unsere Eltern mit besorgtem Blick vom Elternabend zurückkamen, waren wir nicht sonderlich beunruhigt. Bitter war es nur, wenn die Strafen unangenehm wurden. Strafarbeiten und Nachsitzen verpassten uns die Lehrer, Fernsehverbot kam von den Eltern. Auch Hausarrest gab es hin und wieder, aber im Großen und Ganzen verzichteten unsere Eltern auf drastische Strafen. Schläge waren absolut verpönt, und Verbote zeigten zumindest eine kurzfristige Wirkung.

In & Out

War es bis vor kurzem noch relativ einfach gewesen, mit den Eltern einen Konsens über Kleidung zu finden, so wurde es langsam kompliziert. Wir hatten zwar Taschengeld, aber Hosen, Schuhe und Pullover bezahlten unsere Eltern. Und hatten damit ein Mitspracherecht, das mit den Ansprüchen im Freundeskreis etwas kollidierte. Die selbst gestrickten Pullover mit dem Elefantengesicht vorne und dem baumelnden Schwänzchen auf dem Rücken versteckten wir ganz hinten im Schrank. Auch die bunten Oilily-Hosen waren uns jetzt etwas zu bunt. Jeans waren o.k., dazu Turnschuhe und eher schlichte Pullover, gerne mit dem Label Benetton. Statt Schulranzen trugen wir Rücksäcke, etwa mit dem Label Adidas und mit nur einem Träger über der Schulter. Zumindest dann, wenn wir aus dem Blickfeld unserer Eltern waren. Die waren nämlich eher um unseren Rücken besorgt.

Zur Erheiterung der Jungen sammelten wir Mädchen Oblaten. Kleine bunte Papierbilder mit Kindern oder Tieren, manche mit Glitzer, andere ohne. Oblaten gab es in jedem Schreibwarengeschäft, auf DIN-A 4-Größe in Klarsichtfolie. Einige fanden auf dem Dachboden sogar noch eine Kiste mit Oblaten, die unsere Mütter früher gesammelt hatten. Wir bastelten kleine Alben, in die wir die schönsten einklebten. Aber viel besser war der Tausch, das so genannte Stechen: Dazu knickten wir die Seiten unserer Schulhefte senkrecht nach innen, in dem Falz versteckten wir die Oblaten. Jeweils mit unserer Lieblings- und damit Glücksoblate „stachen" wir also in das Heft unserer Freundinnen und wählten eine Seite, in der sich mit Glück ein kleines Bild befand, das man dann behalten durfte. Verpönt war, wenn man immer nur kleine und hässliche Oblaten versteckte. Es gab Motive, die man immer wieder zurückbekam, so sehr man sich auch dagegen wehrte.

Sammeln war ohnehin unsere große Leidenschaft. Mit zehn Jahren gaben wir fast

Sweat-Shirts mit dem Label auf der Brust und Schuhe von Adidas.

Trainingsanzüge ebenfalls mit Label trugen wir nicht nur in der Turnstunde.

unser ganzes Taschengeld für die Panini-Sammelbilder aus. Die Jungen hatten die aktuelle Ausgabe zur Fußball-Bundesliga-Saison, die Mädchen hatten Regina Regenbogen. In jedem Päckchen gab es immer acht Aufkleber, was man noch nicht hatte, klebte man schnell ein, der Rest war zum Tausch freigegeben. Komischerweise gab es immer einige Motive, die besonders selten waren. Wenn man die hatte, wurde man schwer beneidet. Hatte man sogar eins doppelt, konnte man sogar mehrere Bilder für das eine bekommen. Irgendwann gaben wir es wieder auf. Manche hatten ihre Alben voll, andere glaubten nicht mehr daran, die verbleibenden Lücken jemals füllen zu können. Die Alben wanderten irgendwann ins Altpapier. Internet und Ebay waren noch lange nicht in Sicht – sonst hätten wir die Alben sicher gut zurückgelegt.

Statt Hörspielcassetten hörten wir jetzt mehr Musik. Zum Geburtstag wünschten wir uns die Alben unserer Lieblingsstars, wenn das Taschengeld reichte, dann investierten wir auch mal selbst. Günstiger war es, die Musik aus dem Radio aufzunehmen. CDs gab es noch nicht, darum rauschte es ohnehin. Also saßen wir am Sonntagnachmittag vor dem Radio, legten eine nagelneue Leercassette sorgfältig ein und hatten den Finger auf der Record-Taste. Irgendwann lernten wir auch, dass man das Knacken vermeiden konnte, wenn man erst Play und Record drückte und dann nur noch mit der Pause-Taste arbeitete. Das ging auch ganz gut, sah man mal davon ab, dass meistens die Moderatoren noch in den Anfang des Stückes quatschten und man nicht selten den Verkehrsfunk mit einer Warnmeldung gratis dazubekam.

Mit „Dirty Dancing" entdeckten wir Romantik pur auf der Leinwand.

Wir wollten reich und berühmt werden

Es waren die Jahre, in denen sich Patrick Swayze und Jennifer Grey mit „Dirty Dancing" in die Herzen von Millionen Zuschauern tanzten. Die Zeitreise in die 60er Jahre fanden wir spannend und so wunderbar romantisch. Wir sahen den Film nicht nur einmal, sondern gleich drei oder vier Mal im Kino. Die Hardcore-Fans unter uns kauften sich nicht nur das Buch zum Film, sondern auch die ganze Geschichte, die wie eine Foto-Love-Story aus der BRAVO aufbereitet wurde. „Dirty Dancing" als Daumenkino, wir konnten einfach nicht genug bekommen.

Kurz danach kam die moderne Fassung von Aschenputtel, die wir mindestens genauso liebten: Richard Gere und Julia Roberts lebten uns in „Pretty Woman" die glamouröse Welt Hollywoods vor, in der alles möglich ist, so lange man nur den richtigen Mann mit ausreichend Geld an seiner Seite hat. Folgerichtig adoptierten wir auch Roy Orbison mit dem Titelsong „Pretty Woman" in unsere ganz persönlichen Charts. Überhaupt fanden wir in der Zeit die Musik besonders spannend, die bei unseren Eltern zahlreiche Erinnerungen an ihre Jugend wachrief. Wir hörten die Beatles und die Beach Boys und fanden es auch richtig gut, dass es tatsächlich englische Songs gab, deren Texte man selbst verstehen und die Eltern auswendig und à capella singen konnten.

Fernsehen guckten wir gerne und einmal im Jahr besonders gerne: Zum Jahresende gab es jeweils die ZDF-Weihnachtsserie. Sechs Tage zwischen Weihnachten und Silvester, in denen wir jeden Abend pünktlich um 18 Uhr zu Hause waren und wissen wollten, wie es weiterging. So richtig populär wurde das Ganze mit „Anna". Silvia Seidel als Balletttänzerin, die nach einem Autounfall erst laufen, dann tanzen und schließlich dank Patrick Bach das Lachen wieder erlernt. Die Ballettschulen erlebten in den Monaten danach einen Wahnsinnsboom, alle Mädchen wollten so sein wie Anna. Und hofften bei jedem Training, dass vielleicht wieder ein Casting-Team für die nächste Serie vor der Tür stand.

Außer Anna gab es auch was für Jungen: Oliver Twist, Silas, Nonni und Manni, die Straßenkinder Laura und Louis – sie alle lehrten uns das Träumen von einem anderen Leben, das so viel spannender war als unseres. So dachten wir jedenfalls, als wir nach den Weihnachtsferien wieder in die Schule mussten.

Zwei-plus-vier-Verhandlungen

Zwei plus vier – das bedeutete zwei deutsche Staaten und die vier Mächte Frankreich, England, Großbritannien und die Sowjetunion, die 1990 über die Wiedervereinigung Deutschlands verhandelten. Am 14. März und 16. April setzten die Direktoren der Außenministerien zunächst die Schwerpunkte der Verhandlungen fest, wie zum Beispiel die Bündniszugehörigkeit des vereinigten Deutschlands, die Stärke der Bundeswehr, die endgültige Festlegung der polnischen Westgrenze, der Abzug der alliierten Streitkräfte sowie die Wiederherstellung der völkerrechtlichen Souveränität Deutschlands. Die Außenminister trafen sich erstmals am 5. Mai 1990 in Bonn, danach in Berlin, Paris und ein letztes Mal Anfang September in Moskau, wo auch der „Vertrag über die abschließende Regelung in Bezug auf Deutschland" unterzeichnet wurde. Der Vertrag regelt in zehn Artikeln die außenpolitischen Aspekte der deutschen Vereinigung und kommt damit einem Friedensvertrag gleich. Das Ergebnis war die Wiederherstellung der deutschen Einheit, zudem hatte Deutschland damit die volle Souveränität wiedererlangt.

Deutschland ist Fußballweltmeister 1990

Die erste Sensation war, dass Costa Rica in der Vorrunde mit 1:0 gegen Schottland gewann. Und auch sonst hatte die Fußballweltmeisterschaft 1990 in Italien einige Höhepunkte zu bieten. So verlor Brasilien überraschend im Achtelfinale gegen Argentinien mit 0:1. Im Finale spielte Deutschland gegen Argentinien 1:0 und wurde zum dritten Mal Weltmeister. Andreas Brehme hatte in der 85. Minute einen Foulelfmeter verwandelt. Im Achtelfinale gegen Holland gewann Deutschland mit 2:1. In dem Spiel bekamen Rudi Völler und Frank Rijkaard jeweils eine rote Karte. Rijkaard spuckte Völler ins Gesicht, worauf der sich mit einer Ohrfeige revanchierte.

Mode und Musik – Disco und Daily Soap

1991-1995

Das 15. bis 18. Lebensjahr

In die weite Welt

Wir waren 15, konfirmiert und bereit, in die große, weite Welt zu reisen. Wir wollten nach England, wo damals Ray Cokes tagein tagaus MTV moderierte. Es war für uns die Heimat von The Clash mit „Shoul I stay or shoul I go" und Take That mit „Back for Good". London war die Stadt, in der sie sich alle trafen, und die Studios von MTV waren das Zentrum. So waren wir auch alle begeistert, als in der neunten Klasse der Schüleraustausch anstand. Außer Englisch hatten wir inzwischen eine zweite Fremdsprache wie Französisch, Latein oder Spanisch gewählt. Und so zog es einige von uns nach Südeuropa. Dazu zählten wir einwandfrei auch Frankreich und träumten von zwei Wochen Badeurlaub mit einem klitzekleinen bisschen Schule am Mittelmeer. Und landeten in Lille oder Nantes auf dem harten Boden der Tatsachen und stellten fest, dass es in Frankreich genauso viel regnen konnte wie in Deutschland. Andere zog es nach England, in das Land der roten Busse, schwarzen Taxis und coolen Sänger. Auch dort wurden wir in Leeds oder Manchester eines besseren belehrt, als wir in

Schüleraustausch: Regenwetter in Nantes statt baden an der Côte d'Azur.

Chronik

17. Januar 1991
Helmut Kohl wird vom ersten gesamtdeutschen Bundestag als Bundeskanzler wiedergewählt.

18. Januar 1991
Operation Wüstensturm: Irak wird bombardiert, der zweite Golfkrieg beginnt.

30. April 1991
Der letzte Trabbi rollt in Zwickau vom Band.

27. Juni 1991
Mit dem Zehn-Tage-Krieg in Slowenien beginnen die Kämpfe im ehemaligen Jugoslawien.

19. September 1991
Brandanschlag auf ein Asylbewerberheim in Hoyerswerda.

23. November 1992
Bei einem Brandanschlag auf zwei Häuser in Mölln sterben drei Menschen, die rechtsradikalen Täter werden von der Polizei gefasst.

6. Dezember 1992
400 000 Menschen demonstrieren mit einer Lichterkette in München gegen Intoleranz und Ausländerhass.

13. September 1993
In Washington wird das Gaza-Jericho-Abkommen unterzeichnet, das die Autonomie für Palästinenser in den israelisch besetzten Gebieten festlegt.

20. Januar 1993
Bill Clinton wird als 42. Präsident der Vereinigten Staaten von Amerika vereidigt.

7. April 1994
Beginn des Völkermords in Ruanda, in 100 Tagen sterben mehr als 800 000 Menschen.

6. Mai 1994
Queen Elizabeth II und der französische Präsident Francois Mitterrand eröffnen den Eurotunnel zwischen England und Frankreich.

28. September 1994
Die Passagierfähre „Estonia" sinkt auf der Fahrt von Talinn nach Stockholm. 852 Menschen sterben.

kleinen roten Backsteinhäusern Mikrowellengerichte vorgesetzt und Ray Cokes maximal im Fernsehen zu sehen bekamen.

Von der erhofften Freiheit profitierten mehr unsere Gastschüler beim Gegenbesuch: Fühlten sich doch die an Ganztagsschule gewöhnten Franzosen bei uns wie im Paradies, und nutzten das konsequent aus. Entweder erwarteten sie von uns ein umfangreiches Unterhaltungsprogramm oder sie gingen auf eigene Faust los und mussten von unseren Eltern permanent in den Kneipen der Stadt wieder eingesammelt werden.

Nach zwei Wochen waren wir alle fix und fertig und froh, dass die Gäste wieder abreisten. Das nächste Mal dann doch lieber wieder mit den Eltern in die Ferien, da hatte man wenigstens seine Ruhe.

Grüner Punkt

Wachsende Müllberge in den 80er Jahren und ein drohender Entsorgungsnotstand zwangen Politik und Wirtschaft in Deutschland zum Handeln. Eine Verpackungsverordnung verpflichtete Industrie und Handel ab Juni 1991 zur Rücknahme und Verwertung aller handelsüblichen Verpackungen. Aus dem Anlass wurde bereits 1990 eine Dachorganisation gegründet, die das Sammeln, Sortieren und Wiederverwerten der Verpackungen organisiert. Die Duales System Deutschland GmbH mit Sitz in Köln bekommt von den Herstellern Geld je nach Größe und Anzahl der Verpackungen und übernimmt dafür das Recycling. Die Unternehmen dürfen dafür ihre Produkte mit dem Grünen Punkt kennzeichnen. So erkennt der Endverbraucher, welche Produkte er in den Gelben Sack werfen darf und welche nicht.

Gut organisiert in den Süden:
Der erste Urlaub ohne Eltern.

Endlich ein eigener Perso

Oder man fuhr allein mit den Freunden und einem wohl organisierten Busunternehmen in den Sommerferien gen Süden. Zwei bis drei Tage im Bus wurden mit Alkohol erträglich gemacht. Es war der Alptraum unserer Eltern, aber sie ließen uns. Schließlich bedeutete die Alternative, zwei Wochen lang einen nörgelnden Teenager neben sich am Pool zu haben, und das wollte ja auch keiner. Inzwischen waren wir 16 und endlich, endlich hatten wir keinen Kinderausweis mehr, sondern einen eigenen Personalausweis. Die kleine Plastikkarte war für uns ein elementar wichtiger Schritt zum Erwachsenwerden. Und er musste auch so schnell wie möglich her. Das wiederum bedeutete mal eben schnell in den Passfoto-Automaten und schnell wieder raus. Dementsprechend gruselig sahen die Fotos dann auch aus, so dass man den Ausweis beim Abholen am liebsten gleich wieder umgetauscht hätte. Anderer-

Fußball und Bierdosen –
die Grundausstattung war komplett.

seits hatte die mangelnde Qualität auch wieder Vorteile. Wollten wir abends in die Disco und das zu einer Zeit, in der wir laut Gesetz schon längst hätten im Bett liegen müssen, mussten wir kreativ werden. Der 77er Jahrgang eignete sich nur bedingt, aus der Jahreszahl eine 4 oder 5 zu machen. So griffen wir auf die Ausweise der älteren Geschwister oder der unserer Freunde zurück. Bei den Fotos ging das auch meistens gut. Wir lernten brav Adresse, Geburtsdatum und -ort auswendig, um eventuelle Fragen der Türsteher spontan beantworten zu können.

Die großen Geschwister waren ohnehin ganz praktisch, nicht nur um an den Türstehern vorbeizukommen. Sie hatten meistens auch einen Führerschein und zumindest zeitweise Zugriff auf das elterliche Auto. So entdeckten wir dank ihrer Hilfe nicht nur die Diskotheken in der Stadt, sondern auch außerhalb. Zu der Zeit öffneten Diskotheken in kleinen Orten mit ein paar Bauernhöfen, ohne Auto war es aber ein Ding der Unmöglichkeit dorthin und vor allem wieder weg zu kommen.

Problematisch wurde es nur, wenn wir dadurch die Zeiten nicht einhalten konnten, zu denen wir zu Hause sein mussten. Und das konnten wir nur selten. Es war naiv, davon auszugehen, dass die Eltern schon schliefen. Nein, sie hatten einen siebten Sinn für das Knacken des Gartentores oder der Wohnungstür und wussten immer haargenau, wann wir nach Hause kamen. Oder erschreckten uns gleich nachts, wenn wir uns schon fast in Sicherheit wähnten.

Plan B war, einfach zu sagen, dass man bei der besten Freundin oder bei einem Kumpel schlief. Und er oder sie sagten zu Hause exakt das Gleiche. Damit hatte man die ganze Nacht frei, alle waren zufrieden und wir konnten bis in den frühen Morgen feiern. Und hatten dann ein ganz neues Problem: Wir waren hundemüde – hatten aber kein Bett. Wir konnten ja schlecht vor zehn Uhr zu Hause aufkreuzen, das hätte uns nie jemand geglaubt. Also überbrückten wir die Zeit an Bahnhöfen oder im Sommer auf Parkbänken, schliefen dort tatsächlich ein paar Stunden, bis es eine einigermaßen glaubwürdige Zeit war, den Eltern wieder unter die Augen zu treten. Wenn auch ungeduscht, nach Zigarettenqualm riechend und völlig übermüdet. Wir fanden uns ja so clever – bis uns Jahre später unsere Eltern erzählten, dass sie genau wussten, dass wir die Nacht durchgemacht hatten. Nur waren wir ja sicher wieder nach Hause gekommen und den Spaß wollten sie uns nicht verderben.

Konflikt auf dem Balkan

Immer wieder brodelte es etwas im ehemaligen Jugoslawien, bis es 1989 zum Eklat kam: Slobodan Milosevic wurde mit 86 Prozent der Stimmen zum Präsidenten der serbischen kollektiven Präsidentschaft gewählt, noch im selben Jahr hob er die weitgehende Autonomie der südserbischen Provinz Kosovo auf und ließ Albanervertreter verhaften. Bald stand Milosevic auf Konfrontationskurs mit den restlichen jugoslawischen Teilrepubliken, es folgten Kriege 1991 in Kroatien und 1992 in Bosnien. Die UNO schickte 1992 Friedenstruppen nach Kroatien, doch die Kämpfe gingen weiter. Anfang 1994 griff auch die NATO ein, schoss auf serbische Stellungen. Am 14. Dezember 1995 unterzeichneten die Präsidenten Bosnien-Herzegowinas, Kroatiens und Serbiens ein Friedensabkommen in Paris.

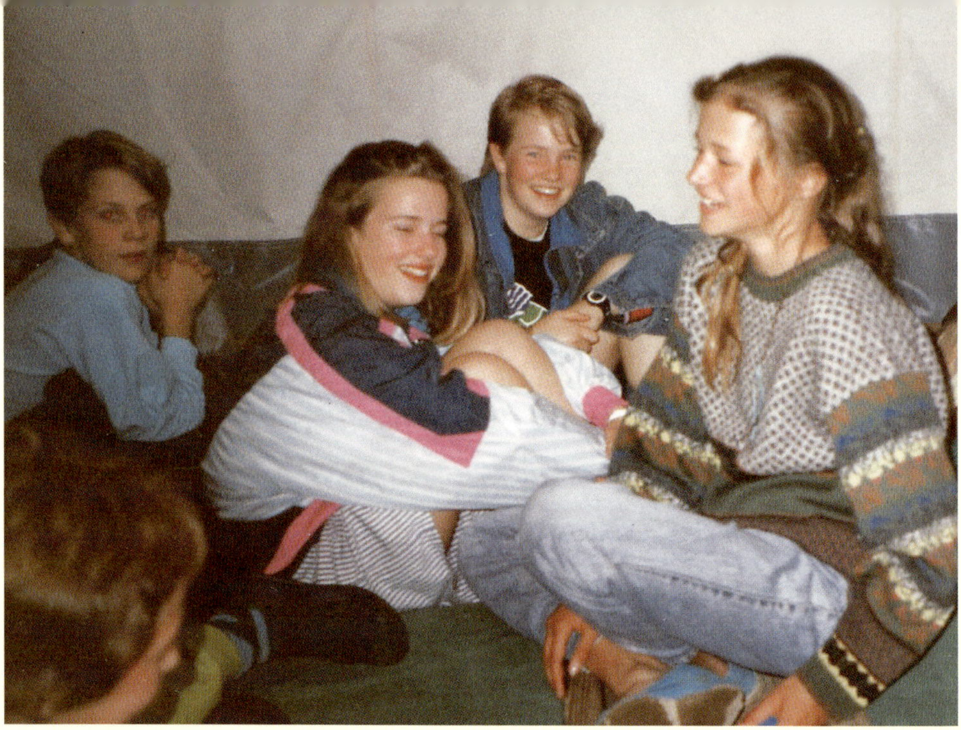

Ob mit oder ohne Tanzen, ob mit oder ohne Alkohol – wir liebten Partys.

Rauchen und andere verbotene Dinge

Vermutlich war es ja gerade so schön, weil es heimlich war. Wir genossen unsere ersten selbst organisierten Freiheiten sehr. Wir hatten ja auch sonst keine Sorgen: Die Arbeitslosenzahlen hielten sich noch in Grenzen, es ging allen gut und wir waren voller Pläne für die Zukunft bzw. für das nächste Wochenende. Wichtig war zum Beispiel, dass die knallrote Lieblingsjeans nicht ausgerechnet am Samstag in der Wäsche war. Oder dass man endlich vernünftig eine Zigarette halten und inhalieren konnte. Ja, das Rauchen gewöhnten wir uns alle schnell an. Dabei waren unsere Eltern gerade dabei, es sich wieder abzugewöhnen. Der Preis für eine Schachtel lag bei vier Mark und einen Automaten gab es ohnehin an jeder Ecke. Es war also sehr praktisch, in der großen Pause mal kurz vom Schulgrundstück zu verschwinden und im nächstbesten Garagenhof eine zu rauchen.

Nachdem wir die ersten Hustenanfälle überlebt hatten und vor Freunden und Mitschülern einigermaßen souverän die Kippen halten konnten, ging das Versteckspiel vor den Eltern los. Und das war gar nicht so einfach. Wir vergaßen Schachtel und Feuerzeug in der Jackentasche, die Finger rochen nach Zigarettenqualm, wir wurden zufällig von Bekannten auf der Straße beim Rauchen gesehen oder verplapperten uns – nach und nach wussten die Eltern Bescheid. Offiziell zumindest, denn geahnt hatten sie es ohnehin schon. Natürlich erzählten sie uns dann, was wir ohnehin schon wussten: Rauchen ist ungesund und teuer. Aber das war uns völlig egal.

Ähnlich erging es uns beim Alkohol. Wir tranken vor allem Bier, Wein war uns zu spießig und auch zu umständlich. Und dann musste jeder von uns einmal die harte Erfahrung mit den harten Getränken machen. Ob Ouzo oder Wodka, Ballentines oder Amaretto – jeder hatte so sein Getränk, von dem er einmal richtig zuviel getrunken hatte. Das Gefühl, die Nacht nicht zu überleben, hielt zumindest eine Weile vor, so dass wir künftig lieber beim Bier blieben.

Richtig verrucht fühlten wir uns, als die ersten mit dem Kiffen begannen. Keiner wusste so genau, wer wo und wie an das Zeug gekommen war. Aber trotzdem gab es immer wieder Gelegenheiten, an denen wir die Wirkung von Cannabis testeten. Heimlich natürlich, in diesem Fall waren unsere Eltern noch das geringste Problem. Die Wirkung hätte unterschiedlicher nicht sein können. Von totaler Müdigkeit bis zum absoluten Überdrehtsein war so ziemlich alles dabei. Den meisten reichte ohnehin ein Versuch. Und verboten war es sowieso.

Rechtsextremismus in Deutschland

Im September 1991 überfielen Neonazis in Hoyerswerda fliegende vietnamesische Händler und veranstalteten regelrechte Hetzjagden auf Ausländer. Kurz darauf gab es zahlreiche Verletzte bei einem Angriff auf ein Asylantenheim. Im August 1992 verursachten Rechtsextreme in Rostock schwere Krawalle, am 23. November starben in Mölln eine Frau und zwei Kinder bei einem Brandanschlag, am 29. Mai 1993 kammen ebenfalls bei einem Brandanschlag in Solingen zwei Frauen und drei Mädchen ums Leben. Doch Deutschland präsentierte sich auch positiv: In zahlreichen Städten gab es Demonstrationen gegen Ausländerhass und Intoleranz, allein in München bildeten mehr als 400 000 Menschen zusammen eine Lichterkette.

Spuren der 80er Jahre verirrten sich noch auf manche Abtanzballkleider.

Durchhalten bis zum Abtanzball

Mit der Tanzschule war es irgendwie ganz ähnlich wie mit der Konfirmation. Von alleine wären wir nie auf die Idee gekommen, aber weil auf einmal alle anderen davon sprachen, wollten wir es auch. Unsere Eltern fanden das richtig gut. Außer den Tanzschritten bauten sie auf eine ordentliche Portion gutes Benehmen und gesellschaftliche Umgangsformen, die wir gleichzeitig mitbekommen sollten. Wir dagegen bauten auf nette Leute und jede Menge Spaß. So gingen wir einmal pro Woche in die Tanzstunde. Jeans, Blusen und Pullover waren erlaubt, Pflicht waren allerdings Schuhe mit Ledersohlen. Wer mit Turnschuhen vorbeikam, konnte gleich wieder gehen. Wir waren ohnehin ein mädchenstarker Jahrgang, dazu gingen nicht alle Jungen in die Tanzstunde, und so herrschte ein eklatanter Herrenman-

gel, der mit den so genannten Gastherren aus anderen Gruppen wieder ausgeglichen wurde.
Die Partner wechselten häufig, meistens alle drei Tänze, und das war zumindest am Anfang sehr spannend. Bald hatten wir aber raus, mit wem es Spaß machte, weil man sich über alles Mögliche außer Tanzen unterhalten konnte, und mit wem es keinen Spaß machte: Blickkontakt gleich Null, weil die Augen konsequent auf die Schuhe gerichtet waren und außer „1, 2, Cha-Cha-Cha" und „Vorwärts, Seitwärts, Ran" war auch jegliche verbale Kommunikation komplett unmöglich.

Ziemlich schnell trennte sich die Spreu vom Weizen. Nach ungefähr drei Stunden stellte sich heraus, wer vermutlich nie über den Anfängerkurs hinauskam und wer irgendwann in einer Tanzformation landen würde. Die ewigen Anfänger machten ihrem Namen alle Ehre, kamen irgendwann nur noch sporadisch oder nur zur Pause, um mal kurz Hallo zu sagen. Einige wenige zeigten Ehrgeiz und tanzten sich tatsächlich durch sämtliche Kurse.

Die dritte Kategorie zog das halbe Jahr durch, um beim Abtanzball ordentlich feiern zu können. Das einzige Drama daran war, dass man ein vernünftiges Kleid bzw. einen Anzug brauchte. Während die Jungen bis auf ein paar ästhetische Ausnahmen eigentlich mit Anzug und Krawatte nichts falsch machen konnten, boten die Mädchen die ganze Palette: Schlichte schwarze oder dunkelrote Kleider waren natürlich dabei, aber wir fanden auch noch ein paar Überbleibsel aus den 80er Jahren, die sich in die Mode der frühen 90er geschmuggelt hatten. Große bunte Propellerschleifen in Taillenhöhe, aber auch Rüschenärmel und Farbkombinationen wie der schönste Zauberwürfel schwebten über die Tanzfläche. Wir fanden uns damals ziemlich schick, auch wenn wir schon ein paar Jahre später die Fotos heimlich verschwinden ließen.

Olympische Winterspiele 1994

Zum ersten Mal fanden die Winterspiele nicht im selben Jahr wie die Sommerspiele statt. Das Internationale Olympische Komitee hatte 1986 entschieden, dass die Spiele ab 1992 abwechselnd im Zwei-Jahres-Rhythmus stattfinden sollten. Nach Albertville 1992 fanden darum die nächsten Winterspiele bereits im Februar 1994 in Lillehammer statt. In Lillehammer starteten knapp 1900 Sportler aus 73 Ländern.

Bloß nicht bauchfrei!

Die Mode Anfang der 90er Jahre war lange nicht mehr so bunt wie in den 80er Jahren, dafür hatte sich ein sehr ausgeprägtes Markenbewusstsein entwickelt. Schon Ende der 80er Jahre trugen wir Pullover, auf denen groß und unübersehbar „United Colors of Benetton" oder „Marc'O'Polo" stand. Den Marken blieben wir auch in den 90ern treu. Es gab lange Diskussionen mit unseren Eltern, warum wir denn so teure Pullover und Hosen tragen mussten. Unsere Argumentation ging wieder stark in die Richtung „weil alle anderen sie auch tragen" und überzeugten zunächst wenig, aber irgendwann bekamen wir doch, was wir woll-

Schlabberpullis, Jeans und Chucks – alles möglichst groß und bloß nicht bauchfrei.

ten. Und das waren rote und weiße Jeans, mit denen wir uns topmodisch fanden. Komischerweise trugen Jungen und Mädchen auch die gleichen Sachen. Zwar variierten Größe und Schnitt, aber wir konnten uns alle wunderbar auf Jeanshemden von Levi's oder Replay in Übergröße einigen. Oft auch mit Druckknöpfen aus Perlmutt. Die Mädchen fanden sich darin sehr schick. Figurbetonte Kleidung und Tops, womöglich sogar bauchfrei, war für uns damals absolut unvorstellbar.

Und täglich grüßt die Daily Soap

Sofern es unser Taschengeld zuließ, gingen wir ins Kino. Zum einen, um traditionell im Schutz der Dunkelheit ein bisschen Händchen zu halten oder Ähnliches zu tun. Zum anderen doch auch wegen der Filme. Die magische FSK-Grenze mit 16 Jahren hatten wir überschritten und das mussten wir ausnutzen. Und so sahen wir „Das Schweigen der Lämmer", „Basic Instinct" und „Kap der Angst" und gruselten uns manchmal doch mehr, als wir vor unseren Freunden zugeben wollten.

Gleichzeitig kamen zahlreiche deutsche Filme in die Kinos und wir waren bereit, unsere Meinung über die heimischen Produktionen zu ändern. Nachdem wir uns jahrelang mit Spielfilmen mit Didi Hallervorden, Thomas Gottschalk und Mike Krüger nur mäßig amüsiert hatten, lachten wir jetzt herzlich über „Ein Mann für jede Tonart", „Stadtgespräch", „Der bewegte Mann" und „Männer". Die Titel verrieten schon alles: Es ging um das allgemeine zwischenmenschliche Chaos, das entsteht, wenn sich zwei lieben und ein dritter die Finger nicht still halten kann.

Wir begleiteten aufmerksam den Durchbruch von John Grisham, spätestens als Tom Cruise in „Die Firma" einstieg. Oder wir kämpften mit Kevin Costner in „Der mit Wolf tanzt" für das Recht der Indianer.

Wenn wir keine Lust auf Kino oder Partys hatten, trafen wir uns mit unseren Freunden vor dem Fernseher. Manchmal lief MTV als Dauersendung im Hintergrund, aber die Erfindung des Videorecorders ermöglichte uns, die Kino-Highlights noch ein zweites und drittes und viertes Mal in voller Länge zu sehen. Dabei entdeckten wir auch die Vorzüge des Pizza-Service. Wer auch immer sich das Prinzip der Pizzalieferungen innerhalb kürzester Zeit ausgedacht hatte – er war auf jeden Fall auf die Bedürfnisse unsere Generation eingestellt.

Auch die Fernsehsender erkannten eine Nische: Daily Soaps. Das Privatfernsehen begann 1992 mit „Gute Zeiten, Schlechte Zeiten", die ARD mit „Marienhof" und „Verbotene Liebe". Das Gute daran war, dass sie alle nacheinander liefen, so dass man täglich zwischen 18 und 20 Uhr ausschließlich mit den Soaps beschäftigt war. Andreas Elsholz als Heiko in „GZSZ" war einer der ersten Stars, die von BRAVO & Co. ordentlich gepusht wurden und dann irgendwann in der Versenkung verschwanden.

Wiedervereinigung auf der Schulbank

Es war jedoch nicht so, dass wir nur Spaß haben wollten. Wir verfolgten mehr oder weniger regelmäßig, was die Regierung so tat und hatten uns vor allem an ein Gesicht gewöhnt: Bundeskanzler Helmut Kohl. Seit wir denken konnten, war es sein Gesicht, das allabendlich in der Tagsschau zu sehen war. Wer in der ehemaligen DDR lebte, war an Erich Honecker gewöhnt und wurde erst Anfang der 90er mit Kohl vertraut. Am 17. Januar 1991 wurde Kohl in der ersten gesamtdeutschen Bundestagswahl

Die Wiedervereinigung – mit Bundeskanzler Helmut Kohl an der Spitze und uns im Schlepptau.

als Kanzler bestätigt, der Umzug der Regierung von Bonn nach Berlin war im Juli 1991 eine beschlossene Sache. In der Schule lernten wir alles über die Entwicklung in Deutschland nach 1945 und versuchten, die komplexen Gänge der Gesetzgebung zu verstehen. Wir arbeiteten im Unterricht viel mit kopierten Unterlagen und Heften von der Bundeszentrale für politische Bildung. Es dauerte eben ein bisschen, bis unsere Schulbücher aktualisiert wurden.

Dafür kamen jetzt häufiger neue Mitschüler in unsere Klassen, die in Jena, Rostock oder Greifswald aufgewachsen waren. Erst fanden wir das noch ziemlich exotisch, aber unsere Generation hatte überhaupt keine Probleme, das große Deutschland zu akzeptieren. Während unsere Eltern über den Solidaritätszuschlag diskutierten oder eine Wertminderung der D-Mark befürchteten, berührte uns das noch herzlich wenig.

Unsere Lehrer versuchten, uns mit Hilfe von Referaten die Außenpolitik nahezubringen. Entwicklungshilfe und Projekte in der Dritten

Stolz wie Oskar auf das erste eigene Auto.

Welt waren Themen, die wir zwar ganz spannend fanden, aber auch hier fehlte uns noch oft das Verständnis für die Komplexität der Abläufe. Zumindest fast allen: In jeder Klasse gab es immer ein paar Cracks, die jeden Morgen die Zeitung inklusive Politikteil lasen und sich zum Geburtstag die Deutsche Geschichte, Band 1 bis 21, wünschten.

Selber richtig aktiv waren nur wenige von uns. Meistens war unser Engagement mit dem Amt des Klassensprechers oder in der Schülervertretung schon mehr als erschöpft. Einige Ausnahmen wurden Mitglied in den Jugendgruppen von Amnesty International, Unicef oder dem Naturschutzbund.

Und noch schneller

Jahrelang hatten Fahrrad und die öffentlichen Verkehrsmittel vollkommen ausgereicht, um vorwärts zu kommen. Doch mit 15 wurden die ersten schon nervös und mit 16 dann erst richtig. Wir strebten nach einem Roller, eine richtige Vespa, die musste es sein. Und so schufteten wir in Getränkelagern und beim Zeitungsaustragen, um Geld für den Führerschein und mit viel Glück ein gebrauchtes Modell zu bekommen. Einige Väter erinnerten sich an ihre Jugend und wollten ihren Sprösslingen mit einem Mofa etwas Gutes tun. Aber sie mussten damit rechnen, dass dieses Mofa unberührt in der Garage stehen bleiben würde. Es gab nur einige Exoten, die sich einen Spaß aus dem Mofa machten und dem Trend absichtlich mit pseudo-nostalgischem Gerede auf einer Handvoll PS entgegenfuhren.

Die Roller-Problematik hielt auch nur ein knappes Jahr, denn dann stand der Führerschein an. Den brauchten wir alle unbedingt, so meinten wir jedenfalls. Also fingen wir rechtzeitig an, uns zu Weihnachten und Geburtstagen Geld für den Führerschein zu wünschen. Oder wir gaben Nachhilfe, trugen weiter Zeitungen aus und stapelten Getränkekisten.

Dann war es so weit: Nach zwölf elend langen Theoriestunden und mindestens doppelt so vielen Stunden am Steuer fuhren wir beim TÜV zur Prüfung vor. Und bis auf einige Ausnahmen hielten wir kurz darauf den kleinen rosa Schein in der Hand. Am Nachmittag liehen wir uns die Autos unserer Eltern und besuchten alle möglichen Leute, die wir gut oder weniger gut kannten, damit wir bloß ein Ziel hatten. Und wir genossen es – bis wir das erste Mal an der Tankstelle standen und ein bisschen arg gefordert waren, die Klappe zu öffnen. Irgendwie war Mamas Auto doch ein bisschen anders als der Fahrschulwagen, aber auch daran gewöhnten wir uns schnell.

Prozess gegen O. J. Simpson

Am 12. Juni 1994 wurden Nicole Brown, die Ex-Frau des Football-Spielers O.J. Simpson, und ihr Geliebter Ron Goldman in ihrem Haus ermordet. Am nächsten Tag sollte Simpson von der Polizei verhört werden, doch er flüchtete und lieferte sich eine spektakuläre Verfolgungsjagd mit der Polizei, die von einem CNN-Helikopter aus begleitet und live im Fernsehen übertragen wurde. Mit diesem Verhalten brachte sich Simpson in Mordverdacht. Er wurde angeklagt, im Oktober 1995 wurde er jedoch vom Vorwurf der Anklage des zweifachen Mordes freigesprochen. In einem späteren Zivilprozess wurde er jedoch für schuldig befunden und musste den Hinterbliebenen insgesamt rund 33 Millionen Dollar Schmerzensgeld zahlen.

Noch mehr Ernst des Lebens

Wir hatten jetzt das Alter erreicht, in dem wir auch mit den Dr. Sommer-Themen aus der Bravo vertraut waren. Keiner konnte im Nachhinein sagen, wann und wie er nun aufgeklärt wurde. Alles in allem war es ein bisschen Biologie in der Schule und ein bisschen Dr. Sommer am Nachmittag gekoppelt mit Schulhofweisheiten und dem, was uns unsere Eltern erzählten. Jedenfalls fühlten wir uns gut informiert und hatten nicht das Gefühl, dass es irgendwelche Tabus gab.

Es gab die Pille, es gab Kondome und wir wurden von allen Seiten angewiesen, vor allem Letztere auch zu benutzen.

Und zwar zum Schutz gegen AIDS. Seit mehr als einem Jahrzehnt war der HI-Virus bekannt und es gab noch immer kein Heilmittel. Zeitweise schwebte AIDS über uns wie ein Damokles-Schwert und war für uns die größte Sorge, wenn es eigentlich um die schönste Nebensache der Welt ging. Natürlich sollten die Mädchen wenn irgend möglich nicht so früh schwanger werden. Aber wenn doch, dann war es eben so und es fand sich schon eine Lösung. Aber vor dem HI-Virus hatten wir alle Angst.

Dennoch genossen wir es, dass unsere Freundschaften über Händchen halten hinausgingen. Küssende Pärchen auf dem Schulhof bekamen zwar ein paar Sprüche zu hören, aber waren absolut normal. Kamen zwei zusammen, so reichte der Klatsch gerade mal für zwei große Pausen. Danach wussten es alle und gut. Interessant wurde es erst wieder, wenn es Streit oder gar eine Trennung gab. Dann wurde klas-

Abschlussfahrt zum Ende des 10. Klasse: Noch ist kein Ernst des Lebens in Sicht.

sen- und manchmal auch jahrgangsübergreifend wild spekuliert, die besten Freunde der Betroffenen gelöchert und das ehemals so verliebte Paar ging sich konsequent aus dem Weg. Mit souveränem Auftreten in der Schule und durchheulten Nächten zu Hause.

Aber auch daraus lernten wir fürs Leben. Wir hatten damals zwar noch keine Ahnung, wann und wie wir eines Tages von Mathematik und Geographie, Konfirmandenunterricht und Tanzschule, BRAVO und Breakdance profitieren würden. Wir waren jetzt erwachsen, wir durften Auto fahren, wählen, arbeiten und trinken was wir wollten. Wir schmiedeten Pläne für die Zukunft, für eine Ausbildung, ein Studium oder ein Jahr im Ausland, für die Bundeswehr oder Zivildienst. Wir beendeten die Schule und ließen den Ernst des Lebens hinter uns. So dachten wir jedenfalls. Bis wir kurz danach feststellten, dass der Ernst des Lebens nun erst so richtig begann.

Auf Abschlussfahrten lernten wir uns meistens erst richtig gut kennen.